现代
服务礼仪

谢　杏　王艳杰 ◎ 主　编

杨　婷　蒋婷婷
杨雨晴　刘　帅 ◎ 副主编
罗　敏　李清龙
周　旭

XIANDAI
FUWULIYI

中南大学出版社
www.csupress.com.cn
·长沙·

图书在版编目(CIP)数据

现代服务礼仪/谢杏,王艳杰主编. --长沙:中南大学
出版社,2025.8. --ISBN 978-7-5487-6321-5

Ⅰ. F719

中国国家版本馆 CIP 数据核字第 2025DR6748 号

现代服务礼仪
XIANDAI FUWU LIYI

谢杏　王艳杰　主编

□出 版 人	林绵优		
□责任编辑	黄原原		
□责任印制	李月腾		
□出版发行	中南大学出版社		
	社址:长沙市麓山南路	邮编:410083	
	发行科电话:0731-88876770	传真:0731-88710482	
□印　　装	长沙印通印刷有限公司		

□开　　本	787 mm×1092 mm 1/16	□印张 9.75	□字数 166 千字
□版　　次	2025 年 8 月第 1 版	□印次 2025 年 8 月第 1 次印刷	
□书　　号	ISBN 978-7-5487-6321-5		
□定　　价	37.00 元		

图书出现印装问题,请与经销商调换

编委会

◇ **主　任**

谢　杏　王艳杰

◇ **副主任**

杨　婷　蒋婷婷　杨雨晴　刘　帅

罗　敏　李清龙　周　旭

◇ **编　委**（*以姓氏拼音为序*）

成　静　丁　霞　黄彬彬　李　薇

宋赵霞　谭　颖　唐　利　王雅倩

徐筠桢　严炫雅　张馨月　朱俊英

前 言
FOREWORD

为了贯彻落实立德树人的根本任务，以及《中国教育现代化2035》中以德为先、全面发展、面向人人、终身学习、因材施教、知行合一、融合发展、共建共享的理念，本书依据教育部《中等职业学校高星级饭店运营与管理专业教学标准》及相关专业课程标准编写而成。

本书融入旅游、酒店、电商等服务行业，筛选出典型服务工作任务和从业人员的礼仪素养需求，以问题为导向、以学生为本位、以任务为驱动、以适用为原则、以体验为路径来组织现代服务礼仪的教学内容并设计教学课堂，是师生共用的课堂手册。其编撰顺应中职教育发展的要求，体现立德树人、面向市场、服务发展的时代特征，具有以下特色：

1. 纵观行业，洞察需求；立足岗位，解决问题。本书为中职旅游、酒店、电商等专业提供服务接待岗位的活页式教学资源，宽基础、活模块，适用于专业群共享的专业基础课。教材含八个教学项目，每个项目包含任务卡、信息卡两部分，可根据各校企教学和培训的个性化需求动态调整模块内容。

2. 系统规划，创新课堂；普适恰当，融入思政。教师按照任务卡上的"试、解、练、用、评"五步教学法组织教学，师生互动且生生互动；学生因任务卡驱动而主动使用教材中的信息卡和二维码链接的数字教学资源，激发主动探索，体察服务的技巧，领悟礼仪的真谛，树立科学的服务理念，传承优良的工匠精神，切实提升服务岗位的职业道德和职业礼仪素养。

3. 遵循规律，服务教学；巧设任务，契合学情。学生按照任务卡的引导主动获取信息卡内容并逐步体验服务情境、复盘解析规律、推演练习要点、提炼礼仪技巧，在做中学、学中悟，将礼仪内化为意识、外化为行为，锻炼信息运用能力、团队合作和解决问题的能力，提高适岗水平。

由于各地区旅游教育发展水平和教学实习环境存在差异，在本课程的教学中各校企可根据实际情况，有选择地使用本书进行教学，具体教学学时建议如下：

项目	课程内容	建议学时
项目一	服务礼仪概述	2
项目二	服务人员职业形象	4
项目三	服务人员仪态礼仪	6
项目四	服务人员语言礼仪	6
项目五	服务人员交往礼仪	6
项目六	服务人员接待礼仪	8
项目七	座席礼仪	4
项目八	电商服务礼仪	2

本书由湖南省宁乡市职业中专学校谢杏、王艳杰担任主编，湖南省宁乡市职业中专学校杨婷、蒋婷婷、杨雨晴、刘帅、罗敏，湖南省平江县职业技术学校李清龙以及长沙财经学校周旭担任副主编。

感谢学生袁子涵、章硕、喻炳溪、彭舒婷友情出演并拍摄相关图片和视频。

本书的出版得到了编者所在学校的领导、同事及相关企事业单位的支持和帮助，编者在此表示衷心的感谢！书中引用、参考了相关资料，对原作者表示诚挚的谢意！由于时间和水平有限，本书难免存在疏漏之处，恳请广大读者指正，以便我们及时修改。

编者

2025 年 4 月 5 日

目 录
CONTENTS

项目一

服务礼仪概述

任务卡一　服务礼仪意识自测 >>>

内容	完成服务礼仪意识自测，找出自己这方面的短板。
目标	1. 了解服务礼仪意识具体表现； 2. 锻炼观察能力、自省能力； 3. 提高自我认知。
步骤　试	1. 3人一小组； 2. 完成服务礼仪意识自测。 欢迎参加本次测试。下面共有10道测试题，请酌情、如实为自己打分。 (1) 在你家里，你作为年轻的家庭成员，总能做到尊重、关心、顺从家长，关心家庭成员的心情和健康，让长辈开心。在你的影响下，家庭关系很和睦。 确实如此　10　8　6　4　2　完全相悖 (2) 只要家里来了客人，你总能主动且自如地为客人沏茶倒茶，与客人亲切交谈，让客人舒心、高兴。 确实如此　10　8　6　4　2　完全相悖 (3) 和朋友在一起的时候，你总是能主动关心每一个人的冷暖和心情。 确实如此　10　8　6　4　2　完全相悖 (4) 在你工作的单位里，你总是乐于关心和帮助同事，谁遇到困难你都尽力帮助。 确实如此　10　8　6　4　2　完全相悖

步骤		
试	（5）当家长或者学生向你反映问题的时候，你总是站在他们的角度去想问题。 确实如此　10　8　6　4　2　完全相悖 （6）得到别人的谅解、赞美和帮助时，你总是心存感激。 确实如此　10　8　6　4　2　完全相悖 （7）走在大街上，当有陌生人向你问路时，你总是不厌其烦地给他/她讲清楚。 确实如此　10　8　6　4　2　完全相悖 （8）如果有人请你帮忙，而你确实无能为力，你内心会感到愧疚。 确实如此　10　8　6　4　2　完全相悖 （9）在日常工作中，你感到有义务和责任去帮助每一位家长和学生，让他们高兴和满意。 确实如此　10　8　6　4　2　完全相悖 （10）你总是能看到别人的优点和长处，并欣赏别人。 确实如此　10　8　6　4　2　完全相悖 总分： 【参考分析】 80分以上：服务意识较好，凡事都能够主动从实际出发，轻松处理好。无论是在工作中还是在生活中，你都懂得以礼相待，是受欢迎的人。 60~80分：有服务意识，但不能充分地、自如地表达出内心愿意为他人服务的想法。 40~60分：服务意识一般，还需要把自己的爱心扩展到更大的范围，学习如何以正确的礼仪表达情感。 40分以下：服务意识较差，需要加强锻炼，培养和增强自己的服务意识。	
解	教师解析的意见和建议：	
练	小组交流自测结果。（自省行为和思想态度，完整表达。）	
用	1.针对教师结合自测作答情况给予的行为分析进行反思； 2.带着对日常表现的反思阅读信息卡。	
评	学生互评：	
	教师点评：	
	第三方评价：	

成长记录	提示：上课过程中的感受、自我的收获等。

任务卡二　给自己"安装"服务礼仪意识 >>>

内容		小组讨论：你看到住店客人提着一个西瓜回到客房，你会怎么做？
目标		1.理解服务礼仪的内涵； 2.锻炼分析能力、表达能力； 3.树立服务人员的角色意识和友善、诚信、平等的职业观。
步骤	试	1.3人一小组； 2.学习信息卡； 3.对信息卡提及的情境进行交流； 4.看完信息卡后回到小组讨论内容； 5.用挂纸展示小组讨论成果。
	解	教师解析的意见和建议：
	练	听取建议，复盘该服务问题的解决过程。
	用	可作为作业选项 1.小组讨论：你看到参会客人穿着拖鞋走去会议厅，你会怎么做？ 请结合信息卡内容，陈述讨论成果。 2.在北京飞往深圳的飞机上，到了午餐时间，乘务员小张开始礼貌地将食物递给每个乘客，当她走到经济舱一位老年乘客面前时，这位乘客打开食物包装的一角，看了一眼问："这是什么？"小张回答："是咖喱鸡饭。"乘客说："对不起，我不吃鸡肉。" 如果你是小张，你会怎样进行后面的服务？ 请完成服务情境演绎。 3.经过多次训练后，我们再来进行一次服务意识测评，对比任务一的测评，看得分是否有所提高：

步骤	用	(1) 经过门厅时，你能为紧跟在你身后的人扶住即将关闭的门或掀起门帘直至他接手。 确实如此　10　8　6　4　2　完全相悖 (2) 家里来了客人，你主动且自如地为客人沏茶倒水，与之交谈，让客人舒心高兴。 确实如此　10　8　6　4　2　完全相悖 (3) 和朋友们在一起，你总是主动关心每个人，与大家愉快交流。 确实如此　10　8　6　4　2　完全相悖 (4) 你经常会说"谢谢"。 确实如此　10　8　6　4　2　完全相悖 (5) 当你下班时，会把未完成的事项告知或做好标记，以方便接班的同事了解情况。 确实如此　10　8　6　4　2　完全相悖 (6) 在公共区域接饮用水时，如果有水溢溅，你会找块抹布或纸巾擦拭干净。 确实如此　10　8　6　4　2　完全相悖 (7) 你会帮不方便的陌生人按电梯楼层键。 确实如此　10　8　6　4　2　完全相悖 (8) 你在黑板上写完字后会主动擦干净，方便别人使用。 确实如此　10　8　6　4　2　完全相悖 (9) 在服务性行业，你觉得有义务和责任去帮助每一位客人。 确实如此　10　8　6　4　2　完全相悖 (10) 在给别人递笔时你会将笔帽打开方便他接过去写字。 确实如此　10　8　6　4　2　完全相悖 请根据自己的情况打分。 【参考分析】 80分以上：很有服务意识，能成为一位很称职的服务明星。 60~80分：只要稍加努力，便会成为服务高手。 40~60分：还需要把自己的爱心扩展到更大的范围。 40分以下：需要经过训练，以培养和提高自己的服务意识。
	评	学生互评： 教师点评： 第三方评价：

成长 记录	提示：上课过程中的感受、自我的收获等。

信息卡一 服务礼仪概述

> 【正念能量站】服务行业从业人员学习礼仪、运用礼仪，就能在岗位角色中践行和传递和谐、诚信、友善的社会主义核心价值观。

一、服务礼仪的概念

礼仪包括礼和仪两个方面。礼为本质，即礼节，是人们对自己、对他人表示尊重和敬意的态度。仪为现象，即仪式，是人们为表明态度而采取的一定的形式、程序、动作。

$$礼 + 仪 = 态度 + 行为$$

礼仪是社会所认可或确定的，人们为表达内心对他人的尊敬之情，应有的态度、动作、程序及其他人员共同遵守的行动规范等的总和。

服务礼仪通常指的是礼仪在服务行业内的具体运用，泛指服务人员在工作岗位上应当严格遵守的行为规范。

二、服务礼仪的作用

礼仪是社会、道德、习俗、宗教等方面对人们行为的规范，是体现人们文明道德修养程度的一种外在表现形式。礼仪在人们的社会生活和交往中，以其规范化和标准化的形式发挥行为规范的作用，并以典章制度和约定俗成的具体方式表现出来，帮助人们修身养性，规范完善自我，形成良好的社会公德和职业道德，从而创造出和谐友善的人际关系和社会环境。

由于每个人在社会中扮演的角色不同，对礼仪的要求和规范也有所不同，其功能当然也是各异的。我们的课程将结合服务行业的特点和需求展开。

(一) 树立良好的公众形象

服务礼仪对服务行业从业人员的仪容、仪表、仪态等各方面作出了规定，使其仪容干净、衣着整洁、谈吐得体，展现出良好的素养和优雅的气质，进而给客人留下一个好的印象。

良好的礼仪素养能让服务行业从业人员在自觉展现出自身良好精神风貌的同时，也营造出良好的周边环境。办公环境应布置得干净整洁，桌面整齐有序，文件摆放合理，物品放置得当，这会给访客留下良好的第一印象；办公室工作人员的服饰应朴素大方，谈吐文雅，坐姿和站姿端正，给人积极阳光、专业干练之感；在办公室内行走及进出办公室均应保持安静；办公室工作人员在与人接洽或打电话时应热情和蔼、彬彬有礼，先耐心听对方讲明来意，再表达自己的意见，决不贸然插话。对来访人员应笑脸相迎，送别时应周到细致；办公室工作人员必须信守诺言，与人交往时要"言必信，行必果"。对于对方的合理要求，若自己可以办到的，应热心办理，若办不到或暂有困难的，需说明缘由，避免随意许诺而失信于人。

在工作中，服务人员知礼、懂礼、行礼，以良好的职业素养服务客人，客人才会信任服务人员，才敢把业务托付给企业，这不仅有利于开展后续服务，还能为企业和服务行业塑造良好的形象，体现我国第三产业的发展水平和文明程度。

(二) 畅通信息沟通

当今社会处于一个日新月异的信息时代，而服务行业依赖于客人的信任和有效的沟通。服务人员礼仪素养低下是服务信息传递不畅的重要原因。服务行业的重要质量标准是客人满意度，但这存在一定主观性。要提高客人满意度，必须获取多方面信息，了解客人的真正需求，提供客人真正需要的服务，才能满足不同客人的需求，即服务行业需在提供标准化服务的基础上提供个性化服务，以更好地满足客人需求。信息沟通是个性化服务的基础，服务礼仪是良好沟通的润滑剂，服务人员运用良好的礼仪可以体现出对客人的尊重、真诚、友善，让客人有亲切感和信任感,从而拉近彼此距离,促进交流与沟通。

(三)调和人际关系

服务行业是与人打交道的行业,礼仪在人际关系中能起到微妙的协调作用,因为人生来就需要得到别人的善意、关怀、理解、共情和帮助。人与人之间的相互理解、诚信、友善会最终形成和谐的社会氛围。俗话说"人敬我一尺,我敬人一丈",在交往中我们以礼待人,有时一句关心的话或一杯热茶,或请人上座而自己站着,这些礼仪细节能体现对对方的尊重,能帮助加深彼此的情感,甚至能化干戈为玉帛。即使意见分歧解决不了问题,也能让人心情舒畅并给予理解。正如英国哲学家约翰·洛克在论述礼仪时所说的:"礼仪是在他的一切别种美德之上加上的一层藻饰,使它们对他具有效用,去为他获得一切和他接近的人的尊重和好感。没有良好的礼仪,其余一切成就会被人看成骄傲、自负、无用和愚蠢。"

(四)解决复杂事项与突发事件

处理复杂事项与突发事件是每个人工作中都会遇到的一种情况,要解决这些问题,需要靠智慧、判断力和耐心,而礼仪在这时可能成为一种润滑剂、灭火器,帮助你化解压力,渡过难关。我们可能碰到一个十分难沟通的投诉者,他固执己见,不理解我们正常的工作程序,一定要我们满足他的要求。如果我们不以礼为先,一副公事公办的面孔,甚至指责人家妨碍办公室工作,这样做的后果一定是不堪设想的。遇到这种情况,我们应热情接待,站在对方的角度理解对方的难处,运用"替代""降温"等服务礼仪技巧,可以让对方从内心感到我们是可信的,从而在心理上得到安慰,这为解决问题奠定了良好的基础,甚至可能化干戈为玉帛,使我们重新获得客人的信任和尊重。

三、服务礼仪的内涵

(一)道德是根本

《礼记》中提到"德辉动于内,礼发诸外",意味着内在的德行是外在礼仪的根源。职业道德是从业人员在一定的职业活动中应遵循的、具有自身职业特征的道德要求和行为规范的总和。遵守服务礼仪,提高服务质量,必须倡导和树立良好的职业道德。没有良好的职业道德来约束服务人员的行为,服务礼仪的规范内容将形同虚设,服务工作的质量将大大降低。服务人员的职业道德包括以下方面:

1. 对待工作

热爱本职工作。热爱本职工作是最基本的职业道德要求。服务人员应正确认识自己的行业,明确自己工作的目的和意义,认同自己工作的价值,敬业乐业,忠实地履行自己的职责,并以满足客人的需求为自己最大的快乐。

遵守劳动纪律。不迟到、不早退、不旷工,严格遵守岗位职责要求。

保持廉洁自律。不利用工作之便贪小便宜、谋取私利;不索要小费,不暗示客人赠送物品,客人主动赠送而又婉拒不掉的物品,要及时上缴;自觉抵制各种思想的侵蚀。

2. 对待集体

坚持集体主义。集体主义是职业道德的基本原则,是员工进行职业活动的指导思想。集体主义要求员工的一切言论和行为都以符合集体利益为最高标准。在处理个人与他人、个人与集体的关系时,能够先公后私、先人后己,个人利益服从集体利益。在维护集体利益的前提下,追求并实现个人的正当利益。

严守组织纪律。服务行业的各个部门、各个岗位的工作内容和规范要求均有细分,因此需要一定的组织纪律来统一和协调。严守组织纪律是服务人员集体主义精神的具体表现,也是集体主义者应有的基本品德。因此,服务人员应自觉遵守企业的各项规章制度和员工守则。

发扬团结精神。对客服务工作是一个有机的整体,并非某一个部门或某一个人就能独自完成,因此同事、部门、上下级之间都要在制度的框架下积极沟通,互相助力,才能发挥团队的合力,圆满完成服务任务。服务人员在团队中要养成乐于助人、严于律己、宽以待人的品质,学会沟通和协作的技巧。

爱护公共财物。爱护公共财物是热爱集体的具体表现。服务人员要更好地完成服务任务和工作,就必须了解各种设施设备的特性、使用方法和使用时的注意事项，严格按要求进行操作。同时做好服务设施设备的日常保养工作，养成勤俭节约、低碳环保的良好习惯。

3.对待客人

全心全意，为客服务。服务经济的底层逻辑，即在体验经济时代，服务已从成本中心转化为价值创造核心。这要求服务人员最大限度地满足客人一切合理合法的需求，为客人提供优质服务。

诚挚待客，知错就改。服务质量的衡量标准是顾客满意度，关注客人满意程度不仅是道德要求，更是商业智慧。哈佛商学院的研究显示，96%的不满客户不会投诉，但会向 9~15 人传播负面评价；单次服务失误可能引发"涟漪效应"，导致潜在客户流失率放大 12 倍。在服务出错时积极应对和改进是客户关系重构的机会，是从交易到信任的升华。

对待客人，一视同仁。关注不同客人的心理感受，这不仅是职业道德要求，而且在算法平权时代，"一视同仁"已成为精密的管理手段。四季酒店的"服务众包平台"收集平等服务创意，客户痛点解决率大幅度提升；新加坡推行"服务平等指数"，使旅游业收入提升；大数据去偏技术应用于希尔顿酒店，通过 AI 分析 200 万条评价，消除 22 种隐性偏见。可见数字文明时代服务业的生存算法，体现着人类商业文明从差异化特权向普惠价值的变化和革新。

(二)心态是内核

服务质量的衡量标准是顾客满意度，其主观性很强。心态是服务质量的调色板，消极心态会让服务变成机械流程，而积极心态则赋予服务灵魂。心态是危机化解的转换器，同样的服务事故，不同的心态会导致截然不同的结果。服务人员亦是工匠，将自己的任务当事业全力投入，把服务当艺术品精心打磨，沉浸于追求极致，不仅能让客人得到超值的产品体验，服务人员也会获得工作的愉悦感、个人价值感、职业成就感。

【便利贴】

1. 心态决定服务"天花板"

如果把端盘子当作"伺候人",服务永远是及格线;若视为"帮家人盛饭",自然就会有亲切的温度。

2. 演技再好,不如真心一笑

大脑能识别 0.04 秒的微表情,顾客分得清"职业微笑"和"眼里有光"的区别,所以海底捞小妹给你捞面条时的热情比空姐露出八颗牙齿的微笑更让人难忘。

3. 心态是行走的品牌

新加坡航空空乘的优雅不仅是训练的结果,更是源于"云端外交官"的自我定位。

4. 心态是职业价值的放大器

西湖边茶馆服务人员小陈每天记录客人的饮茶习惯。某日暴雨,一位常客未到店,她主动打包茶饮送到客人公司。这个举动源于她"茶是心意,不只是商品"的心态。该客人后来为公司年会定制了百万茶礼并留下评价:"这里卖的不仅是茶,更是被珍视的感觉。"

5. 心态就是内驱力

比尔·盖茨曾说:"如果只把目光停留在工作本身,那么即使从事最喜欢的工作依然无法持久地保持对工作的热情。"《羚羊为什么会奔跑》这本书揭示了工作满意的秘密之一就是"能看到超越日常工作的东西",一旦我们带着喜悦全身心投入,那么本来觉得乏味无比的事情就会变得妙趣横生,这正是工作的本质。

(三)适用是前提

所有的礼仪规范标准一旦脱离行业的工作实际和服务场景,让人做起来过于做作或形式大于内容,就得不到广泛认同和遵守,从业人员也就不会在真实的工作情境中使用这一套所谓的礼仪规范。所以,现代社会中的服务礼仪要实用,它是能让职场人际关系更顺畅、更美好的工具和机制,而不能是曲高和寡、哗众取宠的繁文缛节。

灵活运用是服务礼仪的王道。我们学习服务礼仪时要在体验中真切领会礼仪蕴含的力量，并用恰当的语言、行为将自己的内在职业理念、品格修养外化于各类场合，润滑职场业务，提升人格魅力。

(四) 规范是保证

服务礼仪是一门实用性很强的礼仪学科，同礼仪的其他分支学科相比，它具有明显的规范性和操作性。服务人员的思考路径、处置流程、服务语言、操作规范等都根据不同的工作情境制定了不同的标准。这些都是前人从事相关工作的经验提炼和规律总结，服务人员只有知其然知其所以然，才能更好地执行和完善，才能更好地自我成长、处事待人，所提供的服务才能让客人满意。

(五) 礼遇是特质

礼遇服务对象是服务礼仪的特质。在常规社交生活中，尊重对方即可，但在服务行业中，这种尊重的需求和供给更为明显。服务实际上就是礼遇，即对服务对象给予表示尊敬的待遇。服务人员只有真正在心里尊重服务对象，才会有带着敬意的行为，服务对象才能感受到你的礼遇。在服务人员工作过程中，一定要充分传递友善之意和敬人之心。

商务礼仪中，由美国学者布吉尼教授提出的"三 A"原则明确了服务人员的心理和言行养成路径，见图 1-1。

01　接受服务对象　Accept　　02　重视服务对象　Attention　　03　赞美服务对象　Admire

图 1-1　"三 A"原则

1. 接受服务对象

我们的服务对象是形形色色的人，要做到礼遇客人的首要一步就是接受各有特点的客人，而不是去对自己认知之外的客人的形象、习俗、行为等评头论足，更不应去教训和纠正客人。根据心理学研究得出的"每个人都有被接纳的渴望"这一需求，服务人员的职场逻辑应该是力求形成接待服务的正向循环，即对各种客人持接纳态度，促使客人愿意表达，使得服务更加精准，从而提升客人的满意度。

【便利贴】

服务人员要谨记：客人不是被评头论足的对象，不是争高低、论输赢的对象，不是讲道理的对象，更不是被教育和改造的对象。这四条准则是提供优质服务的基石。

2. 重视服务对象

重视服务对象是提升服务品质的关键环节，它意味着将客户需求置于核心位置。通过及时关注(看到、称呼并致意)、预判需求(观察、判断并记住客人的偏好)和专属对待(提供个性化服务)传递"您很重要"的尊重感。这种重视不仅能提高客人的满意度，更能从细节中展示服务人员的专业性。客人在获得礼遇体验的过程中会与企业建立长期信赖关系。

【便利贴】

1. 成本最低的仪式感

预订处将预订信息向接待团队进行通报，使每一位见到客人的服务人员都能用客人的姓氏或职务等尊称客人。无论是谁，对能够记住自己名字并且反复称呼自己的人都会产生好感，而不断被服务人员尊称和问候，能让客人感受到自己受关注、尊重，从而愉悦地与服务团队进行沟通合作。

2. 建行的上门服务温度

济南阳光舜城支行为行动不便的老人提供上门换卡服务。员工在多次人脸验证失败后仍耐心引导，最终解决了养老金领取的难题。这种"打破柜台边界的服务"让客人感受到了被重视、被关爱，从而与银行产生了业务和情感上的深度联结。

3. 家庭客人一站式关怀

前厅员工看到预订信息是带儿童入住的家庭时，主动安排了安静的无烟客房，并提前准备了婴儿床、宝宝椅、儿童洗漱用品等，为客人推荐了适合亲子互动的餐厅和景点，甚至预约了次日的用车服务，客人因此成了回头客。

4. 个性化表达

很多标准化服务用语已让客人习以为常，而金沙江大酒店服务员三次精准问候美籍舞蹈家孟建华，用"欢迎第三次光临"的个性化表达，让客人感受到了独一无二的重视。真正的服务始于平等接纳，成于专业匠心，忠于情感共鸣。

3. 赞美服务对象

赞美服务对象是建立良性互动关系的重要沟通策略之一。其核心作用在于以下三点：首先，真诚的认可能激发对方的正向情绪，满足其被尊重的心理需求，增强信任感并提高配合度；其次，针对性的赞美能强化服务对象的行为价值，如在咨询时肯定其思维缜密，可引导其更主动地提供有效信息；再者，服务过程中及时的心理赋能能够营造积极氛围，尤其在面对复杂需求时，通过"您这个建议很有建设性"等反馈，既展现专业包容度，也促进双方形成协作共同体。

对服务对象的赞美要遵循"三适"原则，即适时（服务过程中自然插入）、适度（避免连续高频浮夸赞美）、适人（根据年龄/性别调整表达，如对长辈多用"周到/睿智"，对青年多用"创意/魄力"）。可使用"STAR"模式，即 situation（场景）+trait（特质）+action（行为）+result（结果）。例如："今天暴雨您还准时到店（场景），这份守时精神（特质）让我们团队都备受鼓舞（结果）！"总之，优质赞美如同"服务显微镜"，通过放大客人身上的闪光点，既满足其被尊重的心理需求，又为服务过程注入情感附加值，最终实现从功能满足到情感共鸣的跨越。

需要注意的是，赞美应基于客观事实，避免虚浮夸大，聚焦具体行为而非泛泛而论，这样才能转化为真正有效的服务催化剂。

【便利贴】

适用于不同服务场景的赞美方法，涵盖具体话术与操作要点，便于实际应用：

1. 专业决策型赞美（适用于金融、咨询等场景）

场景：客户选择了一款复杂的理财产品

话术："王先生，您选的这款年金险组合非常明智！既能对冲通胀风险，又保留了灵活支取功能，很多资深财务规划师都会这样配置。"

关键点：结合专业知识肯定其决策的合理性，强化客户信心。

2. 细节品味型赞美(适用于酒店、奢侈品行业)

场景：顾客佩戴小众设计师胸针进入酒店

话术："您的胸针是某设计师的某系列吧？这种不对称的几何设计和大厅的艺术品风格特别呼应，您真有眼光！"

关键点：通过具体物件体现观察力，展现对客户审美的尊重。

3. 行为品质型赞美(适用于公共服务、零售业)

场景：顾客主动归还其他客人遗落的手机

话术："张女士，您刚才的举动让我们特别感动！现在像您这样细心又热心的客人真的很难得，我代表团队向您致敬！"

关键点：放大正向行为的社会价值，激发客户荣誉感。

4. 隐性需求型赞美(适用于教育、健康服务)

场景：家长为孩子报名专注力训练课程

话术："您愿意花时间系统地提升孩子的专注力，这才是真正的前瞻性教育！很多家长等到孩子学业下滑才行动，而您已经走在前面了。"

关键点：将消费行为升华为价值观认同，增强客户决策的满足感。

5. 持续服务型赞美(适用于会员制、高频消费场景)

场景：咖啡店常客第50次购买同款饮品时的对话

话术：递上定制拉花咖啡："李姐，今天是您专属'榛果拿铁'的第50杯纪念日！这份坚持连我们首席咖啡师都佩服！"

关键点：用数据量化忠诚度，赋予日常消费仪式感。

6. 持续服务型赞美(适用于会员制、高频消费场景)

场景：餐厅服务员发现客人的耳环和服装配色协调

话术：由衷地说一句"您的搭配真有格调"。

关键点：基于观察的精准反馈，让客人感受到被用心关注和欣赏的愉悦。

信息卡二 服务礼仪意识

【正念能量站】服务礼仪意识引导服务人员在工作中按照礼仪规范去协调人际关系，教人明礼、向善、向美。

服务礼仪意识是指服务行业从业人员对职业礼仪规范的认知、重视及实践意愿。其核心在于通过专业化的行为准则来传递对他人的尊重和关怀，并基于服务情境灵活调整服务策略。服务礼仪意识是与企业精神、职业道德、价值观念和文化修养等密切联系在一起的，体现在服务行业从业人员身上就是以客人为中心做出的价值取舍和语言行为，它发自服务人员的内心，也可以通过教育和训练，从而养成一种职业素养。

一、服务礼仪意识的作用

服务礼仪培训通过端正职业心态、树立礼仪意识、提高服务水平、规范个人行为，把服务做到系统化，从而改善企业精神风貌，提高企业服务业务效果。

在与大量客人打交道的工作中运用良好的礼仪，可以营造一个文明、和谐的服务环境，长此以往，服务人员会潜移默化地影响千千万万的社会成员，使其端正自身行为，增强文明意识，进而促进整个国家文明程度的提高。

二、服务礼仪意识的培养

服务礼仪意识培养四部曲见图1-2。

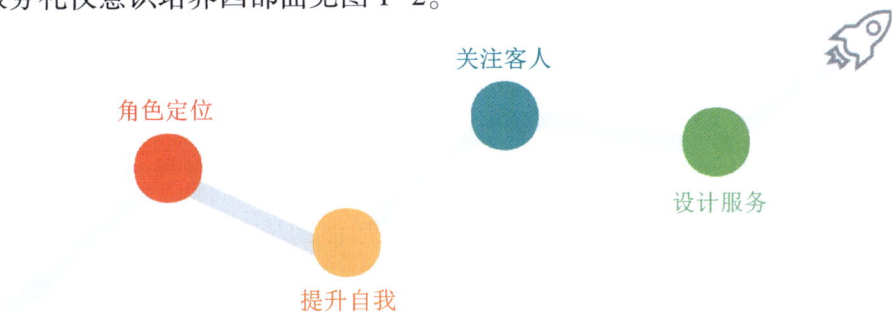

关注客人

角色定位

设计服务

提升自我

图1-2 服务礼仪意识培养四部曲

（一）角色定位

角色定位是指通过系统化界定个体或组织在特定场景中的责任认知、行为边界及关系协调机制，使其言行规范与所处岗位或身份的目标要求精准匹配。理解自己的角色、客人的角色、企业的角色，有利于端正心态，开展工作。

在社会生活中，每个人都有自己的社会角色属性，在遵纪守法的基础上，每个人都需要根据社会对这个角色的常规要求、公序良俗的约定、行业职业的标准等，对自己的行为进行适当的自我约束。在服务行业，客人购买的产品实际上包括有形的实物和无形的服务，客人支付费用、享受服务，而员工提供服务、获取薪水报酬。服务人员和客人在人格上是平等的，只是因为工作分工不同、角色不同、职责不同，所以在对客人进行服务时，服务人员在职业角色中要充分尊重客人，使其感到礼遇，使客人得到物质满足的同时还能得到精神层面的附加价值，提升购买服务的体验感。

社会角色不是固定不变的。同一个人在不同的场合，常常会随着身份的变化而在服务他人或被他人服务的角色中不断转换。服务人员角色定位不准确就容易走入思想误区。我们既没有必要为服务人员的职业角色感到自卑，也无须与企业主对立，更不必因为客人的优越感而产生敌意。在身为服务人员的时候，我们全心全意地做好本职工作，满足客人合理合法的需求，而当我们被他人服务的时候，也能享受到对方为我们工作的热忱心意，从而形成人人为我、我为人人的和谐的社会关系。

服务人员在健康积极的角色定位中会认识到，企业主整合资源满足客人和社会的需求，客人的消费推动企业的发展，企业得到发展才能够使员工借助企业的资源和平台更好地实现和提升自我价值，最终形成企业、员工和客人三方共赢的格局。

（二）提升自我

服务人员角色定位与提升自我构成动态互促的成长闭环，明确角色定位将为提升自我提供精准的坐标。当服务人员的自我角色定位是"服务体验设计师"而非简单的"任务执行者"时，就会主动锤炼如需求预判、情绪解码等高阶能力从而持续地提升自我,这样又反向优化了自己的角色定位,其角色边界自然向更高更广的位置拓展。认识到这一点的服务人员会更由内而外地驱动自己投入到工作当中,不断追求卓越。提升服务人员的礼仪素养包括服务仪表、服务言谈、服务举止、服务规范、服务创新这五个方面。礼仪素养见图1-3。

图1-3 礼仪素养

(三) 关注客人

服务人员的工作对象就是客人,客人是其一切工作的出发点,关注客人是服务人员做好服务的起点,也是服务人员提升自我的起点。重温"服务"的英文"service",其国际注解赋予了每个字母丰富的含义:

s——smile(微笑)。其含义是微笑迎客,服务人员应该对每一位客人提供微笑服务,这是国际通用的欢迎语言,也是最基本的服务要求。

e——eye(目光)。其含义是服务人员应该始终以热情友好的目光与客人交流。

r——ready(准备好)。其含义是服务人员应该时刻准备为客人提供服务。

v——viewing(看待)。其含义是服务人员应该敏锐观察,关注并及时发现客人的需求,在第一时间为客人提供有效服务。

i——inviting(邀请)。其含义是服务人员在每次服务结束时,都应该表现出诚意和敬意,主动邀请客人再次光临。

c——creating(创造)。其含义是服务人员应该想方设法营造使客人能享受其热情服务的氛围。

e——excellent(出色)。其含义是服务人员应将每一个服务程序、每一个细节工作都做得很出色。

(四)设计服务

高品质的服务是设计出来的，好的设计有利于打造优质的产品。优质的设计来源于服务人员的观察理解、需求预判和创新执行，归根结底是服务人员要善于站在客人的立场上考虑问题。

服务人员到位的服务意识只有付诸行动才能体现其职业魅力。

【便利贴】

东京迪士尼乐园的"游客动线情绪管理"

东京迪士尼乐园通过精密设计的服务动线，将游客的生理需求与情感体验转化为可量化的服务触点。

1. 路径设计

隐藏员工通道：所有后勤通道完全隐形，确保游客视野内只有童话场景(员工出现时必须以角色化的姿态行走)。

45米视觉诱导：每隔45米设置显眼的景观或商店，自然分散人流，排队焦虑指数降低62%。

2. 接触点工程

"四要素接触法"：员工与游客接触必须包含微笑(三秒启动)、目光接触(保持0.8秒)、15度鞠躬、情境化语言(如对小游客使用角色台词)。

动态服务密度：根据实时人流热力图，每100平方米内始终保持2至3名可互动员工。

3. 隐性服务设计

温度梯度控制：夏季排队区顶部喷淋系统启动时，地面同步启动隐形风道，确保水雾飘散角度不接触游客。

嗅觉场景切换：不同区域释放定制香氛(如探险区的松木香、城堡区的香草冰淇淋味)，增强场景的沉浸感。

4.峰值体验管理

"烟花泪点"设计：在烟花表演高潮前30秒，所有售卖车都启动免费徽章发放，将情绪峰值转化为品牌记忆锚点。

离园缓冲机制：出口处设置光影长廊，通过逐步变暗淡的灯光调节游客情绪，减少73%的"离园后失落症"。

这种服务设计思维渗透到每个细节：清洁工需接受200小时情景表演培训，确保扫地动作也成为演出片段；餐厅餐具重量精确到克(主菜盘320 g±5 g)，通过触觉反馈强化用餐仪式感。数据显示，东京迪士尼游客平均停留时间达9.2小时，二次消费占比47%，远超行业均值，印证了系统化服务设计的商业价值。

项目二

服务人员职业形象

任务卡一　上岗"换头术"

>>>

内容	小组仪容互检，练习画职业妆容。	
目标	1. 了解仪容在职业形象中的重要性，认识到整洁的仪容是职业素养的外在体现； 2. 掌握基本的化妆技巧，能够根据职业要求和个人特点化出自然、得体的淡妆，提升整体形象气质； 3. 树立职业形象审美意识，培养服务人员自我尊重的意识，认识到良好的仪容是对自己和他人的尊重。	
步骤	试	1. 3人一小组； 2. 学习信息卡； 3. 进行分析讨论； 4. 展示小组实践成果。
	解	教师解析的意见和建议： 仪容规范要求的重点分析：
	练	女生练习化妆的八个步骤；男生练习整理仪容和发型。
	用	情景体验，任务反馈。 各组设置一个工作情景，针对不同岗位的形象要求进行仪容的塑造和展示。
	评	学生互评： 教师点评： 第三方评价：
成长记录	提示：上课过程中的感受、自我的收获等。	

任务卡二 变身服务人员

>>>

内容	小组讨论：作为一名服务人员，应该注意哪些着装规范？	
目标	1.了解仪表的概念及其在职业形象中的重要性； 2.能够根据职业要求、个人特点以及不同场合的需要，选择合适的服装进行搭配，展现出专业且得体的形象； 3.培养职业审美意识和角色意识。	
步骤	试	1.3人一小组； 2.学习信息卡； 3.进行分析讨论，教师引导小组从岗位需求、审美取向、正反角度、案例现象等方面梳理； 4.展示小组讨论结果。
	解	教师解析的意见和建议： 仪表规范要求的重点分析：
	练	按着装规范进行自检；男生学习领带的打法；女生学习丝巾的系法；对镜练习上岗角色转换的口头提示和心理暗示。
	用	情景体验，任务反馈。 各组设置1个工作情景，针对不同岗位的形象要求进行仪容仪表的塑造和展示。
	评	学生互评： 教师点评： 第三方评价：
成长记录	提示：上课过程中的感受、自我的收获等。	

信息卡一　服务人员仪容

【正念能量站】服务人员整洁、得体的仪容仪表是对职业的一种尊重，也是对客户的一种尊重。它体现了服务人员良好的职业道德和敬业精神，正确的职业审美也能匡正服务人员的三观追求。

一、服务人员的仪容

在对客服务过程中，好的容貌会给人带来轻松愉悦的心情，给人留下良好的印象。员工的容貌美在服务中是礼貌和尊重的体现，能够引起客人强烈的感情体验，在形式和内容上都能打动客人，使客人满足视觉美的需要。同时客人在这种外观整洁、端庄、大方的服务人员面前，会感到自己的身份地位得到应有的认可，受尊重的心理也会获得满足。

（一）服务人员化妆的原则

化妆，就服务人员来讲，是使用专用的化妆品进行的容貌修饰。服务人员在为上岗服务而进行个人化妆时，应遵守一定的原则。

1. 淡雅

服务人员的化妆应以自然为原则。"清水出芙蓉，天然去雕饰"，即服务人员的职业妆容应自然、清新、雅致，要做到自然而不明显的修饰，不能过于浓重和夸张。服务人员淡妆修饰的重点是唇部、面部和眼部，略施粉黛，淡淡几笔，恰到好处。

2. 适度

根据自己工作的性质来决定如何化妆。例如，在某些对气味有特殊要求的餐饮工作岗位上，服务人员通常不宜使用芳香类化妆品，如香水、香粉、香脂、香膏等。在化妆的同时还要特别注意化妆与时间、场合、服饰、环境等相适应。

3. 庄重

化妆时要进行正确的角色定位。服务人员妆容应以克制、精致且和谐的庄重风格为核心。

4. 扬长避短

在化妆时，不仅要扬长，即适当地展示自己的优点，同时还要学会避短，即巧妙地掩饰自己的缺点与不足。

（二）服务人员的化妆方法

1. 女性服务人员的化妆方法

打粉底（图 2-1）。粉底的作用是调整肤色，改善肤质，使皮肤细腻光滑，同时遮盖瑕疵，阻挡部分紫外线，增强面部的立体效果。打粉底是化妆的第一步。服务人员应尽量选择质地细腻且上妆后与顾客肤色接近的粉底液。打粉底时，取出少量粉底霜（一粒黄豆大小）于指腹或蘸湿的粉底海绵上，用指腹或粉底海绵均匀地涂抹在脸部，依次以脸颊、额头、下巴的顺序由内往外推开。注意要使肌肤与粉底紧密结合，鼻子部位皮脂分泌过多，粉底不要涂抹过厚。涂抹第一遍后，在有瑕疵的地方可以特别加以涂抹以加强遮盖效果。

定妆（图 2-2）。定妆即用散粉（定妆粉）固定妆面。定妆可以使妆面更持久，而且使肌肤看起来更细腻通透。方法如下：将粉扑均匀蘸取粉（粉量以粉扑向下时粉不落地为宜），轻轻按压全脸，然后用大粉刷刷去多余的粉。定妆粉的选购最好和基础底色（粉底）为同一色系。

图 2-1　打粉底

图 2-2　定妆

描眉(图2-3)。眉毛的形状能够左右人的表情,服务人员要想留给客人亲切、友善的最佳印象,就不应有过硬的线条感,眉头、眉峰、眉梢三点之间的线条要流畅、柔和。眉笔颜色可选择与自己头发相同或相近的颜色。画眉并不是加重眉毛颜色,而是要顺着眉毛的生长方向一根一根地画,画完后一定要用眉刷晕开画好的线条,才会显得自然。一般注意眉头不要画得太实,应该"眉头浅,中间深""上面浅,下面深",并且有毛发的虚实感。

涂眼影(图2-4)。眼部化妆离不开眼影,而眼影画得体与否直接影响到妆容,所以,涂眼影非常重要。眼影色可与肤色、服饰色协调搭配成同一色系。服务人员禁止使用珠光或闪光的眼影。涂眼影的步骤如下:

首先,以眼影棒蘸较深颜色的眼影,沿着睫毛边缘,从眼尾往眼角方向重复晕染。其次,眉骨处可用眼影刷蘸明亮色系的眼影,左右刷抹,直到眉骨区域全部覆盖为止,中间勿留空隙。最后,以使用过的眼影棒(不需再蘸眼影)直接涂抹在下眼睑近眼尾 1/4 处。

图2-3　描眉　　　　　图2-4　涂眼影　　　　　图2-5　描眼线

描眼线(图2-5)。服务人员眼妆要庄重谦和。流畅的眼线能让眼睛明亮,但不要描眼尾上挑的眼线。描眼线时,画笔与眼睑的水平线应成30°～40°,倾斜地描绘,才能使线条更柔和、流畅,尽量用笔尖的侧面着色,可以画出富于粗细变化的线条。

涂睫毛膏(图2-6)。睫毛膏的颜色以黑色和棕色为最佳,用"Z"字形涂抹,这样上色比较均匀。如需粘贴假睫毛,长度不应超过1厘米。先由上睫毛表层开始,由近眼睫毛根部向外扫开,然后从底层往上扫开,扫时要像蛇行般打"Z"字,才能减少结块成团

图2-6　涂睫毛膏

现象。扫下眼睑时要用扫头逐条向下扫开。保持不眨眼，待干后再上第二层。睫毛膏过多，可在眼下放一张纸巾，然后眨眼，纸巾便会把多余的睫毛膏吸走。

刷腮红(图2-7)。腮红的使用可使妆容鲜活，既能营造健康明亮的气色，调节整个妆容的协调感，又可以使皮肤更具通透感。刷腮红的关键是首先将最浓的颜色涂抹到颧骨最高处，其次轻柔地左右上下移动腮红刷，将腮红均匀地扫开，最后再用刷子将腮红晕开，使其与肌肤自然融合，注意不要向鼻部两侧涂抹腮红。职业妆的腮红不可浓于口红。

涂口红(图2-8)。涂口红的关键是掌握正确的涂抹方法。涂口红时先用唇线笔勾勒出嘴唇的轮廓，然后将唇膏自内而外涂抹在唇线笔所勾勒的轮廓内。涂完后，用纸巾轻轻在嘴唇上印一下，让唇膏与唇部肌肤紧密融合，自然持久，不易掉色。需要注意的是，作为服务人员，唇膏(唇彩)的颜色不宜过于鲜艳，不要使用油腻或带有珠光的口红。

图2-7　刷腮红

图2-8　涂口红

2. 男性服务人员的化妆方法

男性服务人员也要适当地化妆，但相比女性服务人员而言要简单得多。男性服务人员化妆的重点在于干净、自然地体现自身的特点。男性服务人员妆容可参照图示，见图2-9。

男性服务人员在仪容方面应注重自然、整洁与专业感。面部清洁是基础，需选用适合自身肤质的护肤品进行护理。唇部可涂抹无色唇膏，防止干裂。眉毛应保持自然大方，修眉时避免留下明显的修饰痕迹。

图2-9　男性
服务人员妆容

胡须必须每日剃净，工作期间不得留小胡子或长胡子。口腔卫生至关重要，要保持牙齿和牙龈健康，确保口气清新。手部需保持清洁，指甲修剪整齐，并使用护手霜滋润双手。此外，需留意细节：鼻毛不得外露，耳朵内外都应保持干净。

3.服务人员发型的要求

发型是比较引人注目的。整洁大方的发型会给顾客留下美好的印象和对服务人员专业程度的放心。服务人员在选择发型时，应以庄重、大方、简洁为主。

女性服务人员的发型要求。选择适合自己的发型。短发造型不宜奇特，长度不得短于两寸，前发须保持在眉毛上方，以不遮眼睛为宜。长发造型一般进行款式简单的盘发，或用发网、发胶等进行规范处理。不同岗位对发型要求细节、程度有所不同，参照岗位要求执行。

男性服务人员的发型要求。男性服务人员的发型要做到：前发不覆额，侧发不掩耳，后发不触领。前发不覆额，主要是要求额前的头发不遮盖眼部，即不允许留长刘海；侧发不掩耳，主要是要求两侧的鬓角不长于耳朵中部，即不宜留鬓角；后发不触领，主要是脑后的头发不宜长至衬衣的衣领。

信息卡二　服务人员仪表要求

【正念能量站】通过精心打理的仪容仪表，服务人员能够传达出积极向上、精细专业的职业态度，这种态度不仅有助于提升工作效率，还能增强客户的信任感和满意度。

一、服务人员的着装要求

着装反映了一个人文化素质的高低、审美情趣的雅俗，更是一种社会工具。它向他人传达出这样的信息："我是什么个性的人？我是不是有能力？我是不是重视工作？我是否合群……"穿着得体，不仅能赢得他人的信赖，给人留下良好的印象，而且还能够提高与人交往的能力。相反，穿着不当、举止不雅，往往会降低社交能力。

着装是一门艺术，既要讲究协调、色彩，也要注意场合和身份。人所处的场合一般分为三种：社交场合、职业场合和休闲场合。这里主要介绍职业场合的着装——职业装。

(一) 着职业装的要求

1. 服装

服务人员在穿着职业装时，必须保持制服干净整齐，应将制服熨烫平整，不出现褶皱、残破、污渍、脏物和异味。干净整洁的服装会给顾客带来舒适的感觉。职业着装要求可参照图示，见图 2-10。

2. 工牌

将刻有自己姓名的工牌佩戴于左胸上部，距肩线 15 厘米处。

3. 帽子

因工装制服设计要求，穿着春、秋、冬装制服、风衣、大衣或在户外工作时，一般需戴帽子。帽徽要端正且正对鼻梁，帽檐不遮眉，在眉上方 1~2 指处。

4. 丝巾

一般穿着春、秋、冬装必须佩戴丝巾，要保持丝巾颜色鲜艳、干净整洁、熨烫平整，出现褪色的丝巾要及时更换。具体的佩戴规范与丝巾样式可参照图示，见图 2-11。

图 2-10　职业着装要求　　　　　图 2-11　戴丝巾

5. 皮鞋

鞋是正装的一部分。穿西装一定要穿皮鞋，不能穿旅游鞋、便鞋、布鞋或凉鞋，否则会显得不伦不类。每天应当把皮鞋擦得干净、光亮，破损的鞋子应及时修理或更换。黑色皮鞋可以搭配任何颜色的西服套装，而咖啡色皮鞋只能搭配咖啡色西服套装。白色、米黄色等其他颜色的皮鞋均为休闲皮鞋，只能在游乐、休闲时穿。正装皮鞋的选择可参照图示，见图2-12。

6. 丝袜

丝袜的颜色通常为肉色、灰色、黑色。工作时应多备一双丝袜，一旦出现脱丝问题应及时更换；男士袜应与鞋子的颜色和谐，以黑、蓝、灰等深色为宜。

7. 发饰

佩戴的发网应为蓝色或黑色，盘发髻时要使用隐形发网。如果需要佩戴发卡，以黑色为宜，发卡上不能有任何装饰物，佩戴发卡的总数量一般不超过四枚。

8. 领带

领带是男西装的重要装饰品，对西装起着画龙点睛的作用，所以，领带通常被称作"男子服饰的灵魂"。穿正规西服时，再系上一条符合工作场景、企业文化要求的领带，既美观大方，又给人以典雅、专业之感。领带搭配可参照图示，见图2-13。

图 2-12 男士穿皮鞋要求图　　　　图 2-13 男士打领带图

面料。质地一般以真丝、纯毛为宜，也可以是尼龙的。一般不宜选择棉、麻、绒、皮革等质地的领带。

颜色。一般来说，服务人员尤其是酒店服务人员应选用与自己制服颜色相称、光泽柔和、典雅朴素的领带。不宜选用过于鲜艳花哨的领带。颜色一般选择单色(蓝、灰、棕、黑、紫等较为理想)，多色的则不应超过三种颜色，而且尽量不要选择艳色。

　　图案。领带图案的选择要坚持庄重、典雅、保守的基本原则，一般为单色无图案；若选择有图案的，宜选择蓝色、灰色、咖啡色或紫色，或者选择点或条纹等几何图案。

　　款式。尊重工装制服的套装设计，不自选怪异款式。

　　质量。外形美观、平整、无脱丝、无疵点、无线头，衬里毛料不变形，悬垂挺括，较为厚重。

　　长度。领带的长度以自然下垂最下端至皮带扣处为宜，过长或过短都不合适。

　　领带夹。一般来讲，对于五粒扣的衬衫，将领带夹夹在第三粒与第四粒纽扣之间；六粒扣的衬衫，夹在第四粒与第五粒纽扣之间。

　　领带结。挺括、端正，外观呈倒三角形。

项目三

服务人员仪态礼仪

任务卡一 打造一张无字名片

>>>

内容	小组展示：用仪态表明你是一位前台接待员。	
目标	1. 规范站姿； 2. 规范坐姿； 3. 善用微笑和目光等表情语言； 4. 培养服务人员角色意识。	
步骤	试	1. 3人一小组； 2. 学习信息卡； 3. 揣摩相关仪态； 4. 小组展示。
	解	教师解析的意见和建议：
	练	1. 听取建议，修正仪态； 2. 教师带领练习。
	用	找别扭：找出图片中服务人员的仪态问题，并展示其应有的正确仪态。 （五张错误示范图片）

步骤	评	学生互评：
		教师点评：
		第三方评价：
成长记录		提示：上课过程中的感受、自我的收获等。

任务卡二　得体主动地出现在客人需要的时候　>>>

内容		情境展示：服务人员看到客人的笔掉在地上了。
目标		1.规范行姿； 2.规范捡拾物品； 3.规范递送物品； 4.培养主动服务的意识。
步骤	试	1.3人一小组； 2.学习信息卡； 3.揣摩相关仪态； 4.小组展示。
	解	教师解析的意见和建议：
	练	1.听取建议，修正仪态； 2.教师带领练习。
	用	各小组自创1个服务情境，正确体现出行姿、捡拾物品、递送物品的仪态规范。
	评	学生互评：
		教师点评：
		第三方评价：
成长记录		提示：上课过程中的感受、自我的收获等。

任务卡三 用身体语言说好"以客为尊"

内容	情境展示：与客人迎面遇到、与同事迎面遇到、在走道中超越客人。	
目标	1.规范致意礼、欠身礼、鞠躬礼； 2.培养传递友善、愉悦情绪的能力； 3.培养以客为尊的服务意识； 4.培养团队意识。	
步骤	试	1.3人一小组； 2.学习信息卡； 3.揣摩相关仪态； 4.小组展示。
	解	教师解析的意见和建议：
	练	1.听取建议，修正仪态。 2.教师带领练习。
	用	各小组自创1个服务情境，正确体现出行姿、鞠躬礼、欠身礼、致意礼等的仪态规范。
	评	学生互评： 教师点评： 第三方评价：
成长记录	提示：上课过程中的感受、自我的收获等。	

任务卡四　我是优雅的"读心者"

>>>

内容	情境展示：前台接待员看到客人东张西望，主动询问并指引客人。	
目标	1.规范站姿； 2.规范手势； 3.运用微笑和目光； 4.培养预判客人需求的服务意识。	
步骤	试	1.3人一小组； 2.学习信息卡； 3.揣摩相关仪态； 4.小组展示。
	解	教师解析的意见和建议：
	练	1.听取建议，修正仪态。 2.教师带领练习。
	用	各小组自创1个服务情境，正确体现出站姿、手势及表情等仪态规范及预判客人需求、提供个性化服务的过程。
	评	学生互评： 教师点评： 第三方评价：
成长记录	提示：上课过程中的感受、自我的收获等。	

信息卡一　站姿

【正念能量站】通过一个人的站姿、坐姿、微笑等仪态，可以了解其精神状态和内在修养，这种了解往往比通过语言交流所获得的信息更直观、更快捷、更值得信赖。因此，在服务中应运用良好的仪态礼仪，展示服务人员的职业修养。

一、站姿

站姿优美典雅，可体现人的修养和风度。

站立服务是优质服务的基本要求，是肢体语言的重要内容。服务人员除了必要的走动，在客人面前主要是站立服务，且站姿是后续所有仪态的基础，服务人员要掌握动作要领，形成肌肉记忆，练好基本功。将以下脚形和手形灵活搭配，能适用于不同的身份和工作场景。

（一）站姿的脚型

1. 丁字步

一只脚的脚后跟靠在另一只脚的足弓处，脚尖开合幅度可根据服务情境调整。丁字步站姿的具体形态可参照图示，见图3-1。

2. 并脚步

两腿膝盖并拢，两脚脚尖朝前，两脚内侧并拢。并脚步站姿的具体形态可参照图示，见图3-2。

3. 开立步

两脚脚尖朝前，两脚内侧不并拢，两脚间距离可根据服务情境调整。注意：开立步一般不适合女生采用。开立步站姿的具体形态可参照图示，见图3-3。

4. V字步

两腿膝盖并拢，两脚跟紧贴，两脚尖呈"V"形，脚尖开合幅度可根据服务情境调整。V字步站姿的具体形态可参照图示，见图3-4。

图 3-1　丁字步　　　图 3-2　并脚步　　　图 3-3　开立步　　　图 3-4　V 字步

(二) 站姿的手形

1. 侧放式

双手自然垂放于身体两侧。注意：此姿态不同于军姿的手形。手形需外松内紧，看起来手指略曲，女生可呈兰花指状，实际上一股暗力贯通到了指尖，使得指尖展示出人的精气神。侧放式手形的具体形态可参照图示，见图3-5。

2. 前腹式

女士双手四指伸直并拢，大拇指藏于掌心，右手在上，左手在下，手指部分交叠，双手呈爱心形，贴在小腹上。手肘、小臂、手腕、手掌成一条直线，在同一个平面内。注意：越隆重的场合双手抬得越高，日常放置于小腹高度即可。男士左手握拳，右手虎口包住左手，双手放在腰椎处，手肘自然舒展。前腹式手形的具体形态可参照图示，见图3-6。

图 3-5　侧放式　　　　　图 3-6　前腹式

3. 后背式

女士手指并拢，手掌交叠于背后，自然下垂。此手型不怒自威，优雅而略显威严，易产生距离感，多用于门童、保安及管理者。后背式手形的具体形态可参照图示，见图3-7。

4. 单手式

单手贴于腹前，可根据工作场景灵活调节手部高度。单手式手形的具体形态可参照图示，见图3-8。

图3-7　后背式

图3-8　单手式

精神的站姿不仅仅是脚形和手形的规范和搭配，还需要纠正平时的不良动作习惯，调动整个身体的肌肉群从下向上地发力：稳定重心，并拢双膝，绷紧大腿，收紧腰腹，双肩向下向后打开，头向上顶，收下颌，眼睛平视前方，保持微笑。其中最重要的动作要领是挺直背部。上述站姿的完整示范动作，见视频3-1。

【视频3-1】

【便利贴】

长时间站立时，可以灵活调整脚形和手形的搭配，或者将重心在两脚间转移，特别注意变换姿势时要从容自然，切忌全盘松懈或过于紧张局促，应使自己在客人面前呈现出落落大方的姿态。

信息卡二 笑容

【正念能量站】服务人员要善于调整情绪，不把私人情绪带到工作中，在服务工作中用笑容向客人传递友善、真诚和喜悦，这既能够提升客人的消费体验，也能够给自己带来健康的情绪暗示，有利于营造和谐的社会氛围。

优美的站姿不仅是手形、脚形的搭配和身体的摆放，更是一种动静结合的灵动的体态，如果没有笑容，没有表情，站姿就没有活力和温度。

美国著名心理学家艾伯特·梅拉比安有个著名的公式：

传递信息的总效果(感情的表达)= 7%的语言+38%的声音+55%的面部表情和身体动作。而以研究体态语言闻名的伯德惠斯特尔也有类似的研究结论：两个人交往时，65%的感情表达是用非语言符号传达的。由此我们可以看出，非语言形式的体态语言在人与人的交往中发挥着重要作用。而笑是服务人员最常见的表情，服务人员要反复练习和揣摩笑的动作，要做到会笑、能笑。

一、会笑

西方礼仪要求微笑时要露八颗牙齿，但微笑不能简单量化。服务人员的笑主要包括：

1. 含笑

即不出声、不露齿，肌肉放松，嘴角两端向上略微提起，眼角带笑意，表示友善，适用于和客人打招呼。含笑的具体表情形态可参照图示，见图3-9。

2. 微笑

嘴角略微上翘，唇部略呈弧形，牙齿半露，眼角和面部带笑意，适用于表示肯定、感谢等。微笑的具体表情形态可参照图示，见图3-10。

3. 轻笑

嘴巴微微张开，嘴角上扬，上齿显露，苹果肌凸显，眼角带笑，适用于表示愉快、喜悦等。轻笑的具体表情形态可参照图示，见图3-11。

笑的深浅根据情境，发自内心才最真实自然。提倡服务人员真诚走心地笑。

图 3-9　含笑　　　　　　　　图 3-10　微笑　　　　　　　　图 3-11　轻笑

二、能笑

服务人员微笑的时间比普通人生活中的要多，所以上岗前要进行一定的练习。一方面，服务人员要有较强的情绪管理能力，随时调节悲伤情绪，控制愤怒情绪，调动喜悦情绪，在工作中保持良好的心态，时常露出真诚的微笑。这既是对工作角色的负责，也是对个人情绪的正面暗示，是职业人和自然人的双重修身养性。另一方面，使用对镜练习、咬筷子练习等方法能锻炼服务人员的面部和眼部肌肉控制力，使服务人员能长时间保持职业微笑，有效减少微笑较久时面部肌肉的僵硬和石化感。

信息卡三　坐姿

【正念能量站】服务人员要强化职业角色意识，自觉自律地在工作场合保持良好的坐姿礼仪，塑造端庄、大方、自然、稳重的职业形象。

端庄优美的坐姿会给人以文雅、稳重、自然的美感。其最重要的动作要领和站姿一样，是挺直背部。

一、入座

掌握入座的基本要领是服务礼仪体系中的重要一环，它通过细节传递专业、尊重与品质，最终有助于客户体验的提升和企业品牌价值的积累，是服务行业从业人员不可或缺的基础素养。

1.预判定位

挪好椅子，判断好椅子的位置再坐。

2.轻稳入座

入座时，要轻稳，动作协调从容。走在座位侧前方，以从左前方入座为例：右脚横移一步，左脚后撤一步，小腿肚感知椅子的位置，右脚退回与左脚平齐，平稳坐下。

3.比例合宜

坐于椅面的三分之二或二分之一处。

4.裙装优雅

女士穿裙装入座时，应将裙角向前收拢再坐，以保持裙边平整、不起皱并防止走光。女士着裙装入座标准示范动作，见视频 3-2。

【视频3-2】

二、坐姿

双腿的摆放搭配双手的摆放会形成多种坐姿，服务人员可以根据实际工作情境灵活运用。

1.女士坐姿

前伸后屈式。在标准坐姿的基础上，左腿前伸，右小腿收回，全脚掌着地，两脚前后在一条直线上，大腿靠紧，双膝合拢。前伸后屈式坐姿的具体形态可参照图示，见图 3-12。

双腿斜放式。双腿首先并拢，然后双脚向左侧或向右侧斜放，斜放后的腿与地面呈 45°夹角。适合女性着裙装时使用。双腿斜放式坐姿的具体形态可参照图示，见图 3-13。

图 3-12　前伸后屈式　　　　　图 3-13　双腿斜放式

双腿叠放式。适合女性着裙装时使用，造型优雅。要求将双腿一上一下交叠在一起，交叠后的两腿之间没有间隙，如同一条直线。双腿或斜放于左侧或斜放于右侧，腿部与地面约呈 45°夹角，叠放在上面的脚尖垂向地面。双腿叠放式坐姿的具体形态可参照图示，见图 3-14。

2. 男士坐姿

垂腿开膝式。多为男士使用，也较为正规。要求上身与大腿、大腿与小腿互成直角，小腿垂直于地面。双膝分开，但不得超过肩宽。垂腿开膝式坐姿的具体形态可参照图示，见图 3-15。

图 3-14　双腿叠放式　　　　　图 3-15　垂腿开膝式

大腿叠放式。多适用于男性在非正式场合。要求两条腿在大腿部分叠放，叠放后下方的一条腿的小腿垂直于地面，脚掌着地，位于上方的另一条腿的小腿向内，同时保持脚尖向下。大腿叠放式坐姿的具体形态可参照图示，见图3-17。

双脚交叉式。适用于各种场合，双膝先要并拢，然后双脚在踝部交叉，交叉后的双脚可以内收，可以斜放，但不宜向前直伸。双脚交叉式坐姿的具体形态可参照图示，见图3-17。

图3-17　大腿叠放式　　　图3-17　双脚交叉式

【便利贴】视频3-3

坐姿禁忌

1. 不可前俯后仰、东倒西歪。

2. 不可摇腿、抖腿、双膝过度分开或跷二郎腿。

3. 不可过于放松，瘫坐在椅子上。

4. 不可双腿直伸出去。

【视频3-3】

三、离座

离座的动作要领在于从容、稳重且无声。

1. 预备姿势调整

起身前，身体可略微前倾，将重心平稳前移至双脚的前脚掌，为站立做好准备，同时保持上身自然挺直。

2. 支撑点确认与退步

根据身体朝向和周围空间，自然选择右脚或左脚作为支撑腿。将选定的支撑腿（如右脚）稳定地向后（通常是座椅的侧后方）退一小步（约一个脚掌的长度）。这一步的关键是脚尖先着地，然后脚掌平稳踩在地面上，并找到稳固的支撑点。此时身体重心应平稳过渡到这条支撑腿上。

3. 平稳起身

利用支撑腿提供的稳定力量，腿部发力（避免用手猛撑座椅扶手或桌面），同时核心收紧，保持背部挺直，平稳、匀速地将身体向上抬起至站立姿态。动作应轻盈、连贯，避免突然发力或身体摇晃。

4. 收步/侧移定位

收回脚步。若退步幅度小且不影响行动，可将后退的脚自然、无声地收回，与另一只脚并拢，恢复标准站姿。

侧迈一步。若需要让开座位空间或调整朝向，可将后退的脚（或另一只脚）向侧方（通常是座椅外侧）轻迈一小步，调整至合适位置，双脚自然分开与肩同宽或呈丁字步，恢复优雅站姿。侧迈一步的标准示范动作，见视频3-4。

【视频3-4】

信息卡四 鞠躬

【正念能量站】鞠躬是服务人员肢体语言中最能体现敬意的一种。鞠躬在当前的日常生活中不常用，这折射出人们对职业的敬畏之心的淡化。学会并使用鞠躬是服务人员从心态到行为的职业化转变，是提升职业意识和敬业精神的有效途径。

一、鞠躬的误区

鞠躬的核心在于传递对来者的真诚敬意，缺乏敬意则鞠躬毫无意义。当前社会普遍认为鞠躬过于郑重或易引发尴尬而较少使用，这实则源于对鞠躬礼的认知误区和动作要领掌握不当。

错误的鞠躬方式不仅无法传递敬意，反而会向客人传递负面信息，这完全背离了服务人员应有的专业态度：姿态不当（如身体摇晃显得扭捏、双脚随意叉开显得不雅、驼背显得局促、仅弯曲膝盖而保持上身不动显得卑微）和节奏失当（如速度过快显得势利、连续反复施礼显得慌张局促），都应严格避免。

服务工作的本质是通过设施设备和专业行为满足客人需求，给予礼遇是其特质。因此，服务人员的鞠躬绝非低人一等，而是职业要求和对服务对象尊重的体现，更是对自身岗位的敬意。唯有正确理解鞠躬的礼仪内涵、端正职业角色认知、掌握规范动作要领，才能通过鞠躬有效传递出友善与恭敬的职业情感。

二、鞠躬的要领

1. 立姿为基

鞠躬礼要在优雅的站立姿势的基础上完成。挺直背脊，五指并拢自然下垂，身体从头顶到脚底呈一条直线，视线向前。

2. 腰脊联动

行鞠躬礼时，五指并拢从身体两侧向膝头慢慢滑去，达到手指将要相碰的程度为宜，同时背脊挺直，头、颈、背成一条直线，由腰部带动上半身向前倾。见图 3-18。

3. 因境融仪

行鞠躬礼的幅度可以结合实际服务情境灵活调整，鞠躬礼也可以与不同的手势、表情结合运用以表达不同的含义。

庄重深鞠躬。在非常郑重、肃穆的场合，可行 90° 鞠躬礼。90° 鞠躬礼的具体示范，见图 3-19。

感谢中鞠躬。当感谢客人时，可行 30° 鞠躬礼。30° 鞠躬礼的具体示范，见

图 3-20。

日常轻鞠躬。欠身礼是日常生活和服务中用得最多的一种鞠躬礼，其动作要领是头、颈、背成一条直线，目视对方，面带微笑，身体稍向前倾 15°左右，见图 3-21。甚至可结合侧身、点头、目光、手势等其他肢体语言形成更小幅度的致意礼，以表示对客人的打招呼、应诺、倾听等。鞠躬礼的标准示范动作，见视频 3-5。

【视频3-5】

图 3-18
常规鞠躬礼

图 3-19
90°鞠躬礼

图 3-20
30°鞠躬礼

图 3-21
15°鞠躬礼

信息卡五　手势请

【正念能量站】关于礼仪的修炼，适用是原则，灵活是王道。关于素养的展示，专业看细节，功力看运用。

手势是仪态中最具表现力的礼仪动作之一。适当地运用手势，可以增强信息的传达和职业情感的表达。

一、"请"的动作要求

"请"是服务人员最常用的手势，其动作要求是：以标准站姿站立，四指并拢伸直，大拇指内扣，手掌与小臂成一条直线，两者在一个平面内。

二、"请"的种类

"请"的手势根据手部动作的不同可分为以下几种：【视频3-6】

【视频3-6】

1. 横摆式

右手五指并拢，手掌自然伸直，手心向上，肘微微弯曲，以肘为轴，右手从腹前抬起，轻缓地向右摆出，在身体的右前方停住。同时，呈丁字步站立，左手下垂，目视来宾，面带微笑。横摆式的具体形态可参照图示，见图3-22。

2. 直臂式

手势用来给客人指引方向。五指并拢，手掌伸直，屈肘从身前抬起，向应指方向摆去，摆到肩部高度时停止。应保持肘关节平直，同时身体要侧向客人，眼睛兼顾所指方向和客人。直臂式的具体形态可参照图示，见图3-23。

3. 斜摆式

主要用来请来宾就座。一只手屈臂从身体一侧抬起，至高于腰部后，再以肘关节为轴向下摆去，使大小臂成一斜线，指向座位方向。斜摆式的具体形态可参照图示，见图3-24。

图3-22　横摆式　　　　　图3-23　直臂式　　　　　图3-24　斜摆式

4. 前摆式

要让客人先行或单手扶门时可以使用。一只手五指并拢，手掌伸直，以肩关节为轴，从身体一侧由下向上抬起，到腰部高度停住，在身前相反方向摆动。摆动幅度不宜过大，不能超过身体宽度。前摆式的具体形态可参照图示，见图3-25。

5. 双臂横摆式

来宾较多时，为了向大家表示欢迎，两手从腹前抬起，双手上下交叠，手心朝上，同时向身体两侧摆动至侧前方。上身稍前倾，微笑着轻轻一点头，然后两手推到一侧。双臂横摆式的具体形态可参照图示，见图3-26。

图3-25　前摆式　　　　　　图3-26　双臂横摆式

【便利贴】

1. 与客人谈话时，手势不宜过多，动作不宜过大，更不能手舞足蹈。

2. 不能用食指指别人，更不要用拇指指自己。

3. 禁止使用失礼于人的手势：摆弄手指、手插口袋、双臂抱胸、双手抱头等。

4. 禁止当众做不卫生的动作：搔头、掏耳朵、抠鼻孔、擤鼻涕、修指甲等。

5. "请"的手势可以在不同工作场合、生活场合灵活运用，可演化成指引、加强语气等不同的仪态动作。

信息卡六　行姿

【正念能量站】做事即做人，品味服务人员行走礼仪当中的"礼让"，既是在遵从以客为先的服务角色要求，也是在修炼个人的思想境界。

行姿是指一个人在行走过程中的姿势。它以人的站姿为基础，始终处于运动中，体现的是一种动态的美，应协调而有韵律感。

一、行走基本要求

1.基础姿态要求

行走时，头需向上顶，下颌微收，背脊挺直，腹部收紧，身体重心稍向前倾；双肩端平，手臂以肩关节为轴前后自然摆动，手指自然弯曲。行走的预备姿势可参照图示，见图3-27。

2.性别差异细节

女士行走时，两脚内侧需保持在一条线上，两膝内侧相碰；男士行走时，两脚内侧应处于两条平行直线上。

图3-27　行走的预备姿势图

3.步速与步幅标准

步速要适中，男士每分钟108～110步为宜，女士每分钟118～120步为宜，整体需做到轻、稳、灵，避免给人风风火火、忙乱疲惫的感觉。

二、服务情境中的行姿

1.引领客人

行走路线靠右，不走楼道或过道正中。应走在客人的左前方约1米处，与客人的行进速度相协调，不能走得太快或太慢；行进中与对方交谈或回答问题时，应将头部、上身转向对方，灵活使用欠身礼。行进中一定要处处以对方为中心，

【视频3-7】

经过拐角、楼梯等处，要有及时的关照和提醒。引领客人礼仪标准示范动作，见视频3-7。

2.辞别

向客人告辞时，扭头就走是失礼的，应面向客人先后退两三步再转体，步幅

宜小，轻擦地面，转体时要先转身体，头稍后再转。向客人告辞礼仪标准示范动作，见视频3-8。

3. 通道穿行

客人在狭小的通道、过道或楼梯间谈话时，不应从中间穿行，应先道一声："对不起，借过一下。"待对方挪动后再从侧面或背面通过。通道穿行礼仪标准示范动作，见视频3-9。

4. 出入房门

引领客人出入房门时要先通报，要以手开门，请客人先进出；如果服务人员先出门，应在门口接应客人，客人跟上来之后再引领客人。出入房门礼仪标准示范动作，见视频3-10。

【视频3-8】　　　　【视频3-9】　　　　【视频3-10】

5. 迎面遇客

5米处目光接触，3米处微笑，1米处问候，可稍作步伐停顿行致意礼，同时侧身给客人让道。迎面遇客礼仪标准示范动作，见视频3-11。

6. 上下楼梯

要挺直脊背，行走路线靠右边，不走楼梯正中，女士靠栏杆一侧上楼时注意抚裙以防走光。乘坐扶手电梯时，有研究表明并排站或站在电梯中间，有利于乘梯安全和电梯保养，可参照当地要求执行。上下楼梯礼仪标准示范动作，见视频3-12。

【视频3-11】　　　　【视频3-12】

信息卡七　眼神

【正念能量站】孟子曰："存乎人者，莫良于眸子。眸子不能掩其恶。胸中正，则眸子瞭焉；胸中不正，则眸子眊焉。听其言也，观其眸子，人焉廋哉?"所以服务人员学习眼神礼仪，实际上应先正心源、练心性，而后才能运用正确的眼神向外传递内心端正的世界观、人生观、价值观。

眼神是人最有灵性的传情达意方式。服务人员在一般服务情境中应展现善意、稳重的眼神。人们借助眼神传递信息，可称为"眼语"。眼语的构成，一般涉及时间、角度、部位、方式、变化这五个方面。

一、时间

1.表示友好

若对对方表示友好，则注视对方的时间应约占全部相处时间的1/3。

2.表示重视

若对对方表示关注，比如听报告、请教问题时，则注视对方的时间应约占全部相处时间的2/3。

3.表示轻视

若注视对方的时间不到全部相处时间的1/3，往往意味着对其瞧不起或没有兴趣。

4.表示敌意

若注视对方的时间超过全部相处时间的2/3，往往表示可能对对方抱有敌意，或是为了寻衅滋事；结合其他肢体语言，有时还意味着对对方本人产生了兴趣。

二、角度

在注视他人时，目光的角度，即其发出的方向，是事关与交往对象关系的亲疏远近的一大问题。目光的常规角度有：

1. 平视

平视，即视线呈水平状态，它也叫"正视"。一般适用于在普通场合与身份、地位相当的人进行交往。

2. 侧视

侧视是一种平视的特殊情况，即位于交往对象一侧，面向对方，平视对方。它的关键在于面向对方，否则即为斜视对方，是很失礼的。

3. 仰视

仰视，即主动居于低处，抬眼向上注视他人。它表示尊重、敬畏之意，适用于面对尊长之时。

4. 俯视

俯视，即低头向下注视他人，一般用于身处高处之时。它可对晚辈表示宽容、怜爱，也可对他人表示轻慢、歧视。

三、部位

在人际交往中，目光所及之处，就是被注视的部位。注视他人的部位不同，不仅说明自己的态度不同，也说明双方关系有所不同。在一般情况下，与他人相处时，不宜注视其头顶、大腿、脚部或手部。对异性而言，通常不应注视其肩部以下。允许注视的常规部位有：

1. 双眼

注视对方双眼，表示自己聚精会神、一心一意、重视对方，但时间不宜过久。它也叫"关注型注视"。

2. 额头

注视对方的额头，表示严肃、认真、公事公办。它叫作公务型注视，适用于极为正式的公务活动。

3. 眼部至唇部

注视这一区域，是社交场合面对交往对象时所用的常规方法，它因此也被称为"社交型注视"。

四、方式

在服务场合注视他人时，可以有多种选择。其中，最常见的有：

1. 直视

直视，即直接注视交往对象。它表示认真、尊重，适用于各种情况。若直视他人双眼，即称为对视。对视表明自己大方、坦诚，或是关注对方。

2. 凝视

凝视是直视的一种特殊情况，即全神贯注地注视。它多用于表示专注、恭敬等。

3. 盯视

盯视，即目不转睛，长时间地注视某人的某一部位。它表示出神或警示，故不宜多用。

4. 虚视

虚视是相对于直视而言的一种注视，其特点是目光不聚焦于某处，眼神不集中。它多表示胆怯、疑虑、走神、疲乏，或是失意、无聊等心理状态。

5. 扫视

扫视即视线移来移去，即上下左右反复打量。这些动作表示好奇、吃惊。亦不可多用，对异性尤其应禁用。

6. 睨视

睨视又叫睥视，即斜着眼睛看。它多表示怀疑、轻视，一般应避免使用。与初识之人交往时，尤其应当避免使用。

7. 眯视

眯视即眯着眼睛注视。它表示看不清楚，其模样不大好看，故不宜采用。

8. 环视

环视，即有节奏地注视不同的人员或事物。它表示认真、重视。适用于同时与多人打交道，表示自己"一视同仁"。

9. 他视

他视，即与某人交往时不注视对方，反而望着别处。它表示胆怯、害羞、心虚、反感、心不在焉，是不宜采用的一种眼神。

10. 无视

无视，即在人际交往中闭上双眼不看对方。它又叫闭视，表示疲惫、反感、生气、无聊或没有兴趣。它给人的感觉往往不太友好，甚至会被理解为厌烦、拒绝。

五、变化

在人际交往中，目光、视线、眼神都是时刻变化的，它们主要表现为：

1. 眼皮的开合

人的内心情感变化，会使眼睛周围的肌肉运动，从而使其眼皮的开合产生改变。例如，瞪眼、眯眼、闭眼等。瞪大双眼表示愤怒、惊愕；睁圆双眼则表示疑惑、不满。眼皮眨动一般每分钟 5~8 次，若频率过快，表示活跃、思索；过慢则表示轻蔑、厌恶。有时，眨眼还可表示调皮或不解。

2. 瞳孔的变化

瞳孔的变化虽然细微难察，但真实地反映了人们的内心活动。平时，它变化得不多。若突然变大，发出光芒，目光炯炯时，则表示惊奇、喜悦、感兴趣。若突然缩小，双目黯淡无光，即所谓双目无神时，则表示伤感、厌恶、毫无兴趣。

3. 眼球的转动

眼球的转动，不应表现得反常。若其反复转动，表示在动心思。若其悄然转动，则表示向人暗示。

4. 视线的交流

在人际交往中，与他人交流视线，常可表示特殊含义。其一，可表示爱憎；其二，可表示地位；其三，可表示补偿；其四，可表示威吓。其具体做法应因人、因事而异。在沟通交流中，要合理处理视线以表达自己的情绪情感，同样也要善于理解对方的视线交流。

六、眼神的运用技巧

1. 初次见面

初次见面时，可睁大眼睛，以亲切的目光注视对方片刻，同时点头示意、行注目礼，通过温和的目光传递友好的态度。

2. 交谈过程

交谈中需将目光聚焦于对方眼睛或嘴巴构成的"三角区"，标准注视时间应占整个交谈时长的30%～60%。要保持平视姿态：过于抬头会显得盛气凌人，给人压迫感；过于低头则易挤出抬头纹，给人以卑微感。同时要用目光流露出会意的神情，见图3-28，让交流更融洽和谐；眼睛转动幅度不宜过大，频率控制在每分钟5～8次为宜。

图3-28　运用眼神交流

3. 集体发言

在集体场合开始发言或讲话时，要用目光扫视全场，通过广泛的目光接触与听众建立连接。

4. 结束环节

交谈和会见接近结束时，目光要自然地抬起；道别时仍需注视对方，同时通过面部表情流露惜别之情，以完整得体的目光交流结束互动。

信息卡八　蹲姿

【正念能量站】服务员角色要求我们成为为绅士和淑女服务的绅士和淑女。

在捡拾物品等生活、工作场景下我们要用到蹲姿。蹲姿最重要的动作要领是挺直背脊，下蹲和起身的过程中头、颈、背尽量保持一条直线，使蹲姿优美。

常用的蹲姿见视频 3—13。

一、交叉式

女士可采用交叉式蹲姿，下蹲时右脚在前，左脚在后，左小腿垂直于地面，全脚着地。左膝由后面伸向右侧，左脚跟抬起，脚掌着地。交叉式蹲姿标准示范，见图 3—29。

二、高低式

下蹲时右脚在前，左脚稍后，两腿靠紧向下蹲。右脚全脚着地，小腿基本垂直于地面，左脚脚跟提起，脚掌着地。左膝低于右膝，左膝内侧贴于右小腿内侧，形成右膝高、左膝低的姿态，臀部向下，基本上以左腿支撑身体。高低式蹲姿标准示范，见图 3—30。

【视频3—13】

图 3—29　交叉式蹲姿　　　　图 3—30　高低式蹲姿

【便利贴】

1. 下蹲捡拾物品时，若用右手捡东西，可以先走到物品的左边，右脚向后退半步后再蹲下来。不要背部对着人。

2. 抬物时，应自然、得体、大方，不忸怩。

3. 下蹲时，两腿合力支撑身体，避免滑倒。

4. 女士下蹲后，膝盖要靠拢，注意防止走光。

5. 女士下蹲或弯腰捡拾物品时，可以单手捂住领口，防止走光。

6.蹲好后，重心落在脚跟上，能有效地保持上身直立，背脊挺直。

7.女士下蹲时和起身后可加一个抚裙动作，使着装服帖，避免尴尬。

8.生活中为了仪态自然、得体且不做作，坚持下蹲时背脊挺直，臀部向下，蹲好后膝盖并拢，起身时在保持背脊挺直的原则基础上，可灵活调节动作幅度。

信息卡九　递送物品

【正念能量站】做事即做人，品味服务人员递送物品时的"敬意"，既是遵从以客为先的服务角色要求，也是提升服务人员敬人、敬业的思想境界。

一、递送物品的动作要领

在标准站姿的基础上，身体前倾；双手持物，五指并拢捧起物品；双臂自然伸出，两肘适当内收。递送物品标准动作，见图3-31。

图3-31　递送物品

二、递送物品的要求【视频3-14】

【视频3-14】

1.保持手部清洁

在进行物品递送等社交互动前，需注意保持手部清洁，这是体现个人卫生与尊重他人的基础。

2. 面向对方递送

在递送物品时，应将物品的正面、观赏面朝向对方。例如递送文件时，要让文字朝向对方，以便对方快速识别内容，充分体现以客为尊、以客为先的理念。

3. 尖锐物品递送规范

在递笔、剪刀等带有尖锐部分的物品时，需将尖锐的一端朝向自己，切勿指向对方。这一细节遵循以客为尊、以客为先的原则，可避免给对方造成不适。

4. 预留接拿空间

在递送物品过程中，要为对方留出便于接拿的空间，让对方能轻松接手物品，通过细节传递礼遇的态度。

5. 合理使用托盘

在正式场合或需要递送多件物品时，必要时可使用托盘承载物品，这种方式能更充分地体现对他人的礼遇。

项目四

服务人员语言礼仪

任务卡一 "语润礼达"的服务员

内容	小组讨论：一位 VIP 客人找前厅部员工想了解酒店提供的"导游讲解咨询服务"，但迟迟无人理睬，作为领班的你会如何既规范又礼貌地接待这位客人？	
目标	1. 理解服务人员语言礼仪各项技巧及投诉处理。 2. 锻炼多种常见服务场景的语言沟通能力。 3. 树立尊重客人的意识，营造与客人进行专业沟通的良好氛围。	
步骤	**试**	1. 一小组 5 人； 2. 学习信息卡； 3. 进行讨论； 4. 派代表展示小组讨论成果。
	解	教师解析的意见和建议：
	练	采用该案例的接待方法。
	用	小组模拟：以小组为单位模拟如何接待这位正生气的 VIP 客人。
	评	学生互评： 教师点评： 第三方评价：

成长 记录	提示：上课过程中的感受、自我的收获等。

📎 ## 任务卡二 "慧语导行"的讲解员

>>>

内容	小组讨论：谈谈你心目中最理想的讲解员形象。	
目标	1. 理解讲解礼仪的概念，掌握讲解员的迎送服务礼仪。 2. 锻炼讲解能力及处理突发事件的能力。 3. 提供专业、热情且个性化的讲解服务。	
步骤	试	1. 3 人一小组； 2. 学习信息卡； 3. 进行讨论； 4. 展示讨论成果。
	解	教师解析的意见和建议：
	练	综合各小组的成果，吸收融合。 教师带领练习。
	用	小组模拟：接待五位来自北京的游客，并为他们讲解毛泽东同志故居，注意运用讲解的四大诀窍来应对突发事件。 突发事件一：填鸭式讲解 突发事件二：观念不一致 突发事件三：客人频繁打断讲解
	评	学生互评： 教师点评： 第三方评价：
成长 记录	提示：上课过程中的感受、自我的收获等。	

信息卡一　服务人员语言礼仪

【正念能量站】"尊重为先，客人为尊。在细节工作中融入礼仪，培育服务之心，共筑和谐客我情。"

一、服务人员语言礼仪

1.使用适当的称呼

当和客人交谈时，应使用适当的称呼，比如先生、女士等。在正式场合中，最好使用客人的姓氏，比如"张先生"或"李女士"。

2.注意语气和语速

在与客人交谈时，语气和语速要友好而自然。避免使用过于正式的语言，也要避免使用过于随便的语言。确保语速适中，不要说得太快或太慢，以便客人可以轻松地跟上您的谈话。

3.确认客人的需求

确保您清楚地了解客人的需求，然后提供适当的回答。如果你不确定客人的需求，可以询问客人并提供帮助。确保你提供的信息准确、清晰、简洁。

4.避免使用不礼貌的语言

在与客人交谈时，避免使用粗鲁、冷淡、轻蔑或傲慢的语言。确保你的措辞礼貌、尊重和专业。

5.学会倾听

在与客人交谈时，学会倾听对方的需求。确保你理解客人的要求，并在回答时仔细地考虑每个问题。如果你不确定如何回答客人的问题，可以请求帮助或将客人引导到更合适的部门。

6.表达感谢和道歉

如果客人对你或你的服务有任何不满意的地方，要学会道歉并提出解决方案。感谢客人提供的建议或反馈,同时向客人道歉,并尽力解决问题。

二、服务人员语言礼仪的正确用语

服务人员语言礼仪的正确用语非常重要,可以提高客户对服务质量的满意度和信任度。以下是一些常用的服务人员语言礼仪的正确用语:

1. 欢迎词和问候语

包括:"欢迎光临!""您好,欢迎来到我们的店/公司/酒店等。""早上/下午/晚上好!"

2. 接听电话用语

包括:"您好,请问有什么可以帮您?""请稍等,我帮您转接。"

3. 解决问题的用语

包括:"对不起,我们出了点问题,请您稍等片刻。""我们会尽快解决您的问题,让您满意。""非常抱歉给您带来不便,我们一定会处理好这个问题。"

4. 回应客人抱怨的用语

包括:"很抱歉您遇到了这样的问题,我们会尽快解决。""感谢您的反馈,我们一定会认真对待并改进。""如果您有其他需要,请告诉我们,我们会尽力满足您的要求。"

三、委婉的表达方式

委婉的表达方式在服务人员的语言礼仪中非常重要,可以帮助服务人员在与客人的交流中保持专业和友好的态度,避免产生误解或引发冲突。以下是一些委婉的表达方式:

1. 使用间接语气

使用间接语气可以使话语更加客观和缓和,例如,使用"也许""可能""是否"等词语来表示一种推测或建议,而不是直接陈述。

例句:

直接语气:您的订单已经过了截止日期。

委婉语气:也许您没有注意到,您的订单已经过了截止日期。

2. 提供选择

在向客人提供建议或解决问题时，可以提供多个选择，让客人有权选择，而不是强行推荐或决定。

例句：

直接表达：您需要等待更长时间或者取消订单。

委婉表达：您可以选择继续等待，或者如果您愿意，也可以选择取消订单。

3. 使用委婉的否定词

在拒绝客人的请求或提出不同意见时，可以使用委婉的否定词来缓和语气，避免过于直接地冒犯客人。

例句：

直接否定：不，我们不提供退款。

委婉否定：很抱歉，我们目前无法提供退款。

4. 表达关切和理解

在处理客人投诉或问题时，可以表达对客人的关切和理解，以缓解其紧张情绪并展现服务人员的同理心。

例句：

直接语气：这是你的错误。

委婉语气：我了解您的情况，可能有些误解。

四、回应客人抱怨的技巧

回应客人抱怨是服务人员语言礼仪中的一项关键技能，它可以帮助服务人员妥善处理客人的不满，并寻找解决方案，以提供满意的服务体验。以下是一些回应客人抱怨的技巧：

1. 冷静和耐心

服务人员应该保持冷静和耐心，不应在客人抱怨时表现出愤怒或防御的态度。避免争执和情绪化的回应，而是采取平和冷静的语气回应客人的抱怨。

2. 倾听和理解

服务人员应该倾听客人的抱怨并理解其诉求。通过积极倾听和询问问题，确保理解客人的抱怨内容，并展示对客人的关心和尊重。

3.道歉和承认

服务人员应该诚恳地道歉并承认客人的感受和体验，显示出对客人的尊重和关心。

4.解释和解决

服务人员应该提供清晰的解释，并寻找解决问题的方法。与客人一起探讨，提供可行的解决方案，并确保客人满意。

5.提供补偿或补救措施

根据具体情况，服务人员可以考虑提供合适的补偿或补救措施，以弥补客人的不满。例如，提供折扣、免费服务或其他形式的补偿，以回应客人的抱怨并恢复客人的满意度。

6.后续跟进

在解决客人的抱怨后，服务人员应该进行后续跟进，确保问题得到妥善解决，并确认客人是否对解决方案满意。这可以帮助建立客人的信任，并确保问题不再发生。

以上是一些回应客人抱怨的技巧，可以帮助服务人员在处理客人抱怨时表现专业、耐心和解决问题的态度，以提供优质的客户服务体验。

信息卡二　讲解员语言礼仪

【正念能量站】讲解员在讲解中运用正确的讲解礼仪，内化专业规范，外显优雅风度，展现讲解员的专业素养，同时传递尊重与关爱，在服务中践行社会主义核心价值观。

一、讲解礼仪

讲解员留给观众的第一印象非常重要。观众虽然会全方位地评价讲解员，但在短暂接触中讲解员留给观众的印象里，仪容仪表往往起主导作用，而且好的仪容仪表会让讲解员在讲解过程中更有信心。

因此，讲解员的衣着应符合职业特点，干净、整洁、合体，体现庄重、知性、大方，佩戴工作牌，施淡妆，发型适合个人特点并与所处环境相协调。同时，讲解员穿着工作服时就代表了纪念馆的形象，其言谈举止要从容得体，做到微笑迎客、主动热情。要相信，微笑是人类最美丽的语言。一个真诚、美好的微笑会给自己和他人带来愉快的心情。总之，讲解员只要走上讲解岗位，就应迅速调整好积极的工作情绪，精神饱满地投入到讲解工作中。讲解员形象标准示范，见图4-1。

图4-1 讲解员形象

1. 讲解语言规范亲切

讲解员在讲解时态度要诚恳、亲切，做到来有"迎声"（致欢迎词）、走有"送声"（致欢送词）。讲解员在讲解时应语气亲切自然，发音准确，语速均匀，音量适宜，吐字清晰，张弛有度。讲解内容规范，措辞准确、得体，经得起推敲（不讲解年代、人物等不确定的内容），避免使用"好像""可能"等模糊字眼。讲解员应深刻理解并熟练掌握、灵活运用讲解内容，其声音要抑扬顿挫，富有感情色彩，但不能矫揉造作，声调要适时变化，有节奏感，体现讲解语言的艺术性和趣味性。

2. 讲解仪态优雅庄重

表情。讲解时表情自然、大方、庄重，根据讲解内容适度调整面部表情，真实恰当地表达讲解内容，切忌做出过于夸张或矫揉造作的表情。

站姿。站立是讲解的基本姿势。"站有站相"是礼仪修养的基本要求。良好的站姿能衬托出美好的气质和风度。讲解员在站立时，要自然挺胸收腹，身体与地面垂直，重心置于前脚掌，双肩放松，双臂自然下垂或体前交叉。忌将手插在口袋里，避免掏耳朵、捋头发、挖鼻孔等小动作，以免有失讲解礼仪的庄重。

走姿。行走是讲解过程中的主要动态动作。讲解员在引导观众参观时，应步伐轻而稳，抬头挺胸，双肩放松，两眼平视，面带微笑，自然摆臂，注意与观众保持合适的距离。在陈列厅讲解时，讲解员一般应面对观众，走在观众右侧中间靠前的位置，将主通道留给观众，身体微侧，避免背对着观众。

目光。讲解时多用虚视法、环视法，目光须集中，切忌神游物外。可与观众进行自然、稳重、柔和、坦诚、友善的视觉交流，目光平视时焦点尽量落在后排观众，同时兼顾全场，这能使自己精神更集中。

手势的运用。讲解时的指示手势要规范、适时、准确、简洁、利落、优美，做到眼到、口到、手到，忌来回摆动或使用兰花指等不当手势。讲解员在讲解过程中，应根据讲解内容在适当的时候适度地使用指示动作，避免使用过度或过于做作的肢体语言，确保符合礼仪规范。讲解员手势标准示范，见图4-2。

图4-2　讲解员手势

二、讲解时应注意的细节

1. 因人施讲

为观众提供个性化服务。对于讲解员来说，观众的年龄、地域、素质、文化层次、兴趣爱好等千差万别，他们来馆参观的目的也不同。这就要求讲解员了解观众信息、讲解行程具体要求（包括在馆时间），并通过讲解过程中的观察，采用不同的讲解方式、讲解语言，对讲解词内容的主次进行取舍。这样既能保证观众领会主要的信息，也能避免讲解员不必要的体力消耗，兼顾每一批观众。当然，要注意在取舍过程中不能影响讲解的主要内容。

2.适度沟通

为观众提供细化服务。讲解是讲解员与观众交流情感、传递知识的过程。随着社会的发展，观众需要的不只是简单的说教式讲解，而是要求讲解员在讲解中注重与观众的交流。因此，讲解员在讲解时，要善于引起观众的参观兴趣，有意识地创造一些情境，与游客适度交流，使讲解过程生动，从而融洽讲解员与游客的关系。比如，讲解员在纪念馆主馆正门讲解时，经常会请观众一起数一下正门的台阶，然后请他们猜一猜正门台阶的级数的寓意。这样就让参观的游客参与到讲解中，从而在观众的脑海中留下更为深刻的印象。

3.及时帮助

为观众提供人性化服务。讲解员应树立"观众至上、服务至上"的理念，为观众提供真诚、热情的服务，随时关心观众。在讲解过程中，要主动关心、帮助老人、小孩和有特殊需要的游客，主动提醒观众注意参观过程中的台阶、上下楼梯以及通道狭窄的地段。答复观众提问或咨询时，做到耐心细致，不急不躁，尽量有问必答（对回答不了的问题，致以歉意，表示下次再来时给予满意回答），但要本着"知之为知之，不知为不知"的原则，切忌瞎编乱造。

4.善意提醒

为观众提供人性化服务。在讲解接待中，有时难免会遇到不太礼貌、不遵守文明参观规则的观众。这时，讲解员不要当众指责，更不能恶语伤人，可以旁敲侧击地做一些善意的提醒。

三、讲解员礼仪规范

1.表情管理

讲解时表情要自然、大方、庄重，同时需根据内容准确适度地变化，真实恰当地传递讲解的内涵，切忌做出过于夸张或矫揉造作的表情。

2.站姿要求

站立时应自然挺胸收腹，身体与地面保持垂直，重心置于前脚掌，双肩放松，双臂自然下垂或在体前交叉。不宜将手插在口袋里，更不能下意识地做小动作，以免有失庄重。

3.行走规范

行走时需注意步伐轻而稳，保持抬头挺胸、双肩放松、两眼平视、面带微笑的姿态，同时自然摆臂。要与观众保持合适的距离，不能拉得太远。

4.目光运用

讲解时目光多采用虚视法、环视法，眼神不能松散，切忌神游物外。可与观众进行适度的眼神交流，眼神应自然、稳重、柔和、友善。讲解时目光需平视，焦点尽量落在后排观众身上，同时兼顾全场，这是最基本的礼仪，也能让自己更集中精神。

5.手势规范

讲解时的指示手势要规范、适时、准确、简洁、利落、优美，做到眼到、口到、手到。忌来回摆动或使用兰花指等不当手势，应根据讲解内容在适当时机适度使用指示动作，不要使用对方忌讳或过于做作的手势，过于做作反而不合乎礼仪规范。

四、景点讲解四大诀窍

1.填鸭式讲解不可取

游客不愿听导游员的讲解，其原因有许多：有的是疲劳而不愿听，有的是导游员讲解水平很一般，提不起游客的兴趣，还有的是导游员与游客交流的时间太少，或游客忙于考虑自己的问题等。当游客不愿听讲解时，导游员首先要控制自己的情绪，分析原因，然后再根据具体情况对症下药。比如，游客感到太累，导游员要给予一定的休息时间，有时在旅途中也要提醒游客抓紧时间休息，此时自己也不要多做讲解介绍。若是游客对导游员有意见，导游员要及时调整讲解内容，既突出重点又不啰啰嗦嗦，努力把导游词讲出新意和特色，以此诱发游客的联想和兴趣。若是游客的交流时间太少，导游员在安排游览项目时要稍微宽松些，给他们适当的交流时间。当游客忙于个人事务或考虑自己的问题时，导游员不要去打扰他们。

2.景点讲解要精彩

景点讲解是导游员的重头戏，也是游客较为关注的旅游产品之一。为此，讲解好景点让游客高兴、满意极为重要。

导游员要在控制时间的基础上，有效地运用各种导游技巧，突出重点，讲出新意。在景点讲解中，导游员要根据游客的兴趣和需求调整讲解深度。在运用导游技巧上也是如此。对一般的游客，导游员可多用虚实结合法、问答法、借用故事法、拟人比喻法以及活用数字法等；对文化层次较高的游客，可运用画龙点睛法、制造悬念法、设置疑问法、巧妙穿插法以及含蓄幽默法等。导游员在讲解前，首先要有意识地"占领"最佳位置，面向游客面带微笑，既不要靠游客太近，也不要离游客太远，离游客1米左右即可。导游员的语气语调要根据当时的环境而定，手势的幅度不要过大，讲解的景点空间跨度也不要过大。

3.观念相左莫强求

在旅途中，导游员宣传讲解的观点和内容与外国游客持有的观点发生矛盾分歧，这属于正常现象。原因是多方面的：有国情的不同，有东西方文化差异，也有意识形态的不同等。导游员要改变游客在其本国接受的教育以及长期形成的观点非常困难，游客自然也不可能说服导游员。在这种情况下，导游员的观点要鲜明，立场要坚定，要根据党和国家的相关政策予以正确解答。既要说明我国人民尊重世界各国人民所选择的发展道路，也要说明我国人民希望各国人民尊重我们选择的发展道路。当然，在和外国游客的交往中要注意话题的选择，要讲究求同存异，注意文化差异带来的障碍，避开分歧点，寻求共同点。导游员在宣传讲解时也应该这样，要尽量回避上述差异造成的隔阂和摩擦，力争互相谅解，千万不可强求。

4.打断讲解要冷静

导游员在讲解时，若个别游客打断导游员的讲解，此刻导游员最好先冷静想一想或认真分析一下情况，若来不及细想，不妨采用"先人后己"法——先让那位游客暂时充当"讲解员"，游客讲解得不好也没关系，待他讲解完后，导游员再给予补充，当然要尽量肯定和赞赏游客讲得合理和有特色的部分。如果游客讲解得确实精彩且有水平，导游员就要放下架子好好地向人家学习。必须注意的是：导游员切忌让游客反客为主，自己要牢牢把握住整个旅游团队的主动权，让游客临时讲解一下景点内容目的在于缓和一下尴尬的场面，绝不是被极个别游客牵着鼻子走，更不能让其控制整个团队。若游客对导游员所讲内容持有不同意见或观点，导游员也用不着和游客争论甚至翻脸，而是在求同存异的基础上，个别地、友好地与其交流探讨，相互取长补短。要知道，旅游团队的核心和灵魂是导游员，如果导游员失去了应有的作用，那团队也就失去了实际意义。

信息卡三　沟通礼仪

> 【正念能量站】有效的沟通取决于沟通者对议题的充分掌握，而非措辞的优美。沟通不仅是言语的交流，更是心灵的触碰。一个微笑的表情、一个理解的眼神，都能传递出深深的情谊和关怀。

语言沟通礼仪是人际交往中不可或缺的一部分，它涉及表达与倾听的方方面面，旨在建立和谐、尊重的沟通环境。

以下是语言沟通礼仪的具体内容：

一、交谈态度与语气

态度诚恳：谈话时应保持诚恳、自然、大方的态度，语气和蔼亲切，表达得体。

尊重对方：尊重对方的观点、感受和习俗，避免使用冒犯或侮辱性的言辞。

耐心倾听：在对方发言时，应耐心倾听，不打断对方，给予对方充分的表达机会。

二、语言选择与使用

准确清晰：发音标准、用词准确，避免使用模糊不清的言辞。

通俗易懂：措辞应通俗易懂，避免使用过于专业或晦涩难懂的词汇，确保对方能够理解。

避免使用方言或外语：在公共场合交谈时，尽量使用普通话，避免使用方言或外语，以免给他人带来不便或造成误解。

三、交谈内容与禁忌

事先准备：谈话内容应有所准备，避免东拉西扯。

明确主题：交谈时应围绕明确的主题展开，避免话题过于分散或偏离主题。

避免涉及敏感话题：不谈及疾病、死亡、宗教、政治等敏感或不愉快的话题，以免引发冲突或造成不适。

尊重隐私：不询问或谈论对方的私人生活问题，如年龄、收入、婚姻状况等。

四、态势语言沟通的运用

表情配合：在交谈中，应配合适当的表情，如微笑、点头等，以表达对对方的尊重和关注。

动作适度：避免过度夸张的动作或手势，保持适当的肢体语言，以维持良好的沟通氛围。

目光交流：在交谈过程中，应保持适当的目光交流，以显示对对方的关注和理解。

态势语言沟通在人际交往中扮演着至关重要的角色，它涵盖了肢体语言、面部表情、眼神交流、声音语调等多个方面。然而，在态势语言沟通中也存在一些禁忌，这些禁忌可能会破坏沟通氛围，甚至引发误解和冲突。以下是态势语言沟通的一些主要禁忌：

(一) 肢体语言的禁忌

1. 不恰当的手势

不要用食指指人，这被视为不礼貌的行为。在需要指明方向时，应使用掌心向上的手势。

避免使用具有挑衅性或贬低意味的手势，如挥拳等。

在某些文化中，特定的手势可能具有特殊含义，如"OK"手势在某些国家可能被视为侮辱性手势，因此应谨慎使用。

2. 不雅的姿态

避免站立或坐着时姿势不端正，如弯腰驼背、双腿交叉过高等。

不要在公共场合做出不雅的动作，如抠鼻子、挖耳朵、挠头等。

3. 过度亲密的接触

在非亲密关系中，避免过度亲密的身体接触，如拥抱、亲吻脸颊等，这可能会让对方感到不适。

（二）面部表情的禁忌

1. 冷漠或傲慢的表情

表情冷漠或傲慢会让人感到被忽视或不受尊重，应尽量避免。

2. 过于夸张的表情

面部表情应自然、适度，避免过于夸张或做作，以免给人留下不真诚或虚伪的印象。

3. 眼神交流不当

长时间盯着对方看可能会让对方感到压迫感或不适，应适时调整眼神交流的方式。

避免眼神游移不定或不敢与对方对视，这可能会让对方感到你不自信或有所隐瞒。

（三）声音语调的禁忌

1. 声音过大或过小

声音过大可能会打扰到他人，而声音过小则可能让对方听不清你的话，应根据场合与对方的距离调整音量。

2. 语调过于生硬或带有嘲讽

语调生硬或带有嘲讽会让人感到不悦或受到冒犯，应保持温和、友善的语调。

（四）其他禁忌

1. 忽视态势语言信号

在沟通中，不仅要关注对方的语言内容，还要留意对方的态势语言信号，如肢体语言、面部表情等，以便更准确地理解对方的意图和情感。

2. 缺乏自信

自信是态势语言沟通中非常重要的因素之一。缺乏自信可能会让你的态势语言信号显得犹豫不决或缺乏说服力。

综上所述，态势语言沟通中的禁忌主要涉及肢体语言、面部表情、声音语调等方面。在沟通中，我们应注意避免这些禁忌行为，以确保沟通顺畅和有效。同时，我们还应关注并理解对方的态势语言信号，以便更好地进行交流和互动。

五、礼貌用语与回应

使用礼貌用语：在交谈中应使用礼貌用语，如"您好""请""谢谢""对不起"等，以表达对他人的尊重。

及时回应：在对方发言时，应及时给予回应，如"嗯""是"等，以表示自己在认真倾听。

六、其他注意事项

控制音量与语速：根据场合和对方的习惯，合理控制音量和语速，避免过大或过小的声音以及过快的语速给他人带来不适。

避免打断：在对方发言时，应避免打断对方，给予对方充分的表达空间。

保持适当距离：在交谈中应保持适当的身体距离，避免过近或过远，以营造舒适的沟通环境。

【便利贴】

人际距离是一个复杂而微妙的概念，它反映了人与人之间关系的亲疏程度。在社会心理学中，人际距离被详细划分为四种不同的类型，每种类型都对应着特定的关系和环境。以下是对这四种人际距离的详细阐述：

1. 亲密距离

定义：亲密距离是指人际交往中最小的距离，通常用于非常亲密的关系之间，如父母与子女、夫妻、恋人等。

范围：大约为 0.15~0.46 米。在这个距离内，双方可以感受到对方的体温、气息，甚至体味等私密性的刺激。

特点：在此距离上，双方的身体接触频繁，语言交流相对较少，更多的是通过非言语的方式(如眼神、肢体动作)来表达情感。

2. 个人距离

定义：个人距离是指朋友、熟人或同事之间交往时保持的距离。

范围：大约为0.46~1.2米。在这个距离内，双方可以进行正常的交谈，同时保持一定的个人空间。

特点：在这个距离内，人们可以感知到对方的体态语言信息，如面部表情、手势等，从而更好地理解对方的意图和情感。

3. 社交距离

定义：社交距离是指在人际交往中，为了保持一定的礼貌和尊重而保持的物理距离。

范围：大约为1.2~3.6米。这个距离适用于一般相识者之间，如上下级关系、顾客与售货员、医生与病人等。

特点：在这个距离内，双方可以进行正式的交谈和互动，但要避免过于亲密的身体接触，以保持一定的社交礼仪和尊重。

4. 公众距离

定义：公众距离是指陌生人之间，或在正式演讲、表演等场合中保持的距离。

范围：大约为3.7~7.6米。这个距离确保了每个人都有足够的个人空间和隐私。

特点：在这个距离内，沟通往往是单向的，如演讲者向听众传递信息。人们之间保持较远的距离，以避免相互干扰和侵犯个人空间。

语言沟通礼仪涉及多个方面，包括交谈态度、语言选择、交谈内容、态势语言、礼貌用语等。遵守这些礼仪规范，有助于营造和谐、尊重的沟通氛围，促进人际关系的和谐发展。

项目五

服务人员交往礼仪

任务卡一 "初访接待"的秘籍

>>>

内容	小组讨论：如何进行初次拜访客户的见面接待？	
目标	1. 熟知客户基本信息及业务需求。 2. 有效沟通，准确传达合作意图。 3. 展现专业素养，树立良好形象。	
步骤	试	1. 3人一小组； 2. 学习信息卡； 3. 揣摩相关仪态； 4. 小组展示。
	解	教师解析的意见和建议：
	练	1. 握手，整理着装。 2. 教师带领练习。
	用	结合信息卡，各小组自创初次拜访情境，正确体现出初次拜访重要客户的全流程及正确的仪态。

步骤	评	学生互评：
		教师点评：
		第三方评价：
成长记录		提示：上课过程中的感受、自我的收获等。

任务卡二 "电洽订房"的应用术 >>>

内容		情景模拟：一名外地游客来电话要预订客房，预订员如何受理？
目标		1.掌握客房预订政策及流程细节。 2.高效沟通，准确确认客人预订信息。 3.展现礼貌态度，提供优质服务体验。
步骤	试	1.4人一小组； 2.学习信息卡； 3.揣摩相关仪态； 4.小组展示。
	解	教师解析的意见和建议：
	练	1.接听电话，礼仪话术，聆听客人需求。 2.教师带领练习。
	用	结合信息卡，各小组自创客人预订客房的情境，正确体现客户致电预订客房时服务人员接待的全流程及正确的电话礼仪。
	评	学生互评：
		教师点评：
		第三方评价：
成长记录		提示：上课过程中的感受、自我的收获等。

任务卡三　"物归原主"的温情术

>>>

内容	小组讨论：致电客人，告知遗留物品已找到。 任务背景：近日，酒店前台在清理房间时发现客人遗留物品，为了尽快将物品归还失主，我们需要致电客人并告知物品已找到。	
目标	1.了解遗留物品处理流程及客人信息。 2.清晰传达，确保客人了解物品状况。 3.体现关怀，让客人感受到贴心服务。	
步骤	试	1.3人一小组； 2.学习信息卡； 3.礼貌用语； 4.小组展示。
	解	教师解析的意见和建议：
	练	1.询问客人。 2.记录和归档(记录：将整个沟通过程和客人的决定记录在案，以备后续查询。归档：将遗留物品的情况和处理结果归档，以便后续管理和统计。) 3.教师带领学生进行练习。
	用	结合信息卡，各小组自创致电客人告知其遗留物品已找到的情境，正确体现出"物归原主"的全流程及正确的仪态。
	评	学生互评：
		教师点评：
		第三方评价：
成长记录	提示：上课过程中的感受、自我的收获等。	

任务卡四 客人投诉巧化解

<blockquote>>>></blockquote>

内容	小组讨论：处理客人投诉关于客房化妆品丢失的情况。	
目标	1.熟悉客房物品配备标准及赔偿政策。 2.有效沟通，迅速解决客人投诉问题。 3.保持耐心，展现同理心与责任感。	
步骤	试	1.3人一小组； 2.学习信息卡； 3.揣摩解释与沟通； 4.小组展示。
	解	教师解析的意见和建议：
	练	1.接待与聆听。 2.教师带领学生进行练习。
	用	结合信息卡，各小组自创处理客人投诉关于客房化妆品丢失的情境，正确体现出与客户沟通的全流程及正确的仪态。
	评	学生互评：
		教师点评：
		第三方评价：
成长记录	提示：上课过程中的感受、自我的收获等。	

信息卡一　称呼问候

【正念能量站】服务礼仪中的称呼与问候，是正念能量站的温馨启程：以尊重唤醒善意，用亲切问候拉近心距，传递正能量，点亮服务每一刻。

在各服务场合中，除了常见的"先生""女士""您好"等称呼，还有许多其他适用的称呼方式。这些称呼的选择应根据服务场合的特点、客户的特征以及服务人员的专业判断来灵活应用。以下是一些适用于不同服务场合的其他称呼方式。

1.通用称呼

小姐/美女。适用于年轻女性客户，注意，"小姐"一词在某些地区或文化背景下可能有不同含义，需谨慎使用。

帅哥。适用于年轻男性客户，同样需注意文化敏感性和客户个人偏好。

同志。在特定地区或场合下仍被使用，具有时代背景和特定适用人群，需结合语境判断。

2.职业或行业性称呼

老师。适用于教师、培训师、讲师等教育行业工作者，以及作为对知识渊博、值得尊敬的人的尊称。

医生/护士。在医疗场所，根据服务对象的职业身份进行称呼，体现尊重和关怀。

警官/警官先生/警官女士。适用于警察等执法人员，表达敬意。

教练。在体育、健身等场合，对指导人员的称呼。

3.职务性称呼

经理/主管/主任。根据客户的职位进行称呼，适用于企业、政府机构等正式场合，体现尊重和正式感。

部长/局长/处长。在政府机关或大型企业中，对担任高级管理职务的人员的称呼。

4. 姓氏加通用称呼

张先生/李女士。在已知客户姓氏的情况下，结合通用称呼使用，增加亲切感和专属感。

5. 特定场合称呼

贵宾/贵客。在高档餐厅、酒店等场所对重要客户的尊称。

小朋友。适用于儿童客户，体现关爱和友好。

大爷/大妈/叔叔/阿姨。根据客户的年龄特征进行称呼，适用于社区服务、零售店铺等日常服务场合，具有亲切感。

6. 国际化称呼

Ms./Mr./Mrs./Miss。在国际服务场合中，结合客户的性别和婚姻状况进行称呼，体现专业性和国际化视野。

Sir/Madam。在英语国家的服务场合中，对成年男性和女性的尊称，适用于酒店、餐厅等高端服务场合。

7. 注意事项

文化敏感性。在不同文化背景下，称呼的含义和接受度可能有所不同，服务人员须具备跨文化意识，避免使用可能引起误解或冒犯的称呼。

个性化服务。在了解客户偏好和习惯的基础上，提供个性化的称呼服务，可以显著提升客户满意度和忠诚度。

尊重客户。无论使用何种称呼方式，都应尊重客户的个人意愿和选择，避免强迫或不当使用。

综上所述，服务场合中的称呼方式多种多样，服务人员应根据实际情况灵活应用，以展现专业素养和服务态度。

信息卡二　握手

【正念能量站】握手传递温暖与尊重，构建服务的信任桥梁；规范握手礼仪，营造专业友好的氛围；从每一次握手开始，为服务注入正能量与关怀。

握手，作为服务礼仪中的一项基本而重要的肢体语言，不仅代表着尊重与礼貌，更是传递友好与信任的重要方式。

1.握手的规范

时机选择。在适当的场合和时机握手，如见面、告别或达成合作时。

态度表现。握手时应面带微笑，目光正视对方，展现真诚与热情。

力度掌握。握手的力度要适中，既体现尊重又不过于强硬。

时间控制。握手时间一般持续 3~5 秒，避免过长或过短以造成尴尬。

2.握手的注意事项

保持手部清洁。确保双手干净，无异味，以尊重对方。

尊重文化差异。了解并尊重不同文化背景下的握手习俗和禁忌。

灵活应对特殊情况。对于不便握手的情况，应灵活处理，避免造成不适。

3.握手在服务中的应用

握手在服务中广泛应用于客户接待、商务谈判、服务结束等环节，能够迅速拉近与客户之间的距离，增强信任感，为后续服务奠定良好基础。握手标准姿势与握手时的眼神交流示范，见图 5-1、图 5-2。

图 5-1 握手姿势

图 5-2 握手时眼神交流

信息卡三　递送名片

【正念能量站】在递送名片的过程中，一个人的站姿、坐姿以及微笑等仪态，都是其精神状态和内在修养的直接体现。这些态势语言的信息往往比言语交流更为直观、快捷，且更值得信赖。因此，在服务过程中，我们应当注重运用良好的仪态礼仪，通过每一个细微的动作，展示服务人员的专业素养和内在修养，从而给客户留下深刻而美好的印象。

递送名片是商务交往中一项重要的礼仪行为，它不仅代表着个人身份与职业信息的传递，更是展现个人及企业形象、建立初步联系的关键步骤。

1.递送名片的规范

准备充分：确保名片干净、整洁、无破损，随身携带足够数量的名片。

时机恰当：在初次见面、商务洽谈或对方请求时递送名片。

姿态得体：起身站立，用双手或右手(视文化习惯而定)递送名片，名片正面朝向对方，同时配以简短的自我介绍。

接收礼仪：当对方递送名片时，应起身用双手接收，认真阅读名片内容，并适当地表达敬意或感谢。

2.递送名片的注意事项

尊重对方：避免在对方忙碌、不便或未提出要求时强行递送名片。

避免随意：不要将名片随意放在口袋、包内或桌面上，应使用名片夹或专门的名片盒存放。

后续跟进：递送名片后，可通过邮件、电话等方式进行后续跟进，加强联系。

3.递送名片在服务中的应用

在服务行业中，递送名片是展示服务人员专业素养、建立客户信任的重要手段。通过递送名片，服务人员可以迅速向客户传递个人及企业的基本信息，为后续的服务合作奠定基础。

信息卡四　介绍

【正念能量站】"介绍"礼仪能强化服务人员的身份认同与责任意识。规范化的介绍礼仪要求服务人员清晰表明身份与职责，增强"代表组织"的集体荣誉感，明确服务为民的岗位责任，体现政治担当；能塑造专业形象与职业素养，通过训练规范的作风，传递尊重与专业性，培养爱岗敬业的职业精神，提升服务品质；能深化服务意识与人文关怀，主动介绍体现服务主动性，引导换位思考。恰当的自我介绍消除客户的陌生感，展现"以人为本"的服务理念，践行群众路线。掌握"介绍"礼仪，既是服务技能的提升，更是通过行为规范传递政治立场、职业价值与服务初心，实现"小礼仪"涵育"大思政"的成长目标。

介绍是服务礼仪中不可或缺的一环，它不仅是双方认识的开始，更是建立信任、促进合作的基础。通过恰当的介绍，可以迅速拉近彼此距离，为后续服务营造良好氛围。

1. 介绍的规范

自我介绍：应简洁明了，包括姓名、职务、所在单位及主要业务范围。注意语速适中，态度诚恳。

为他人介绍：应遵循"尊者优先"的原则，先介绍位卑者给位尊者，或先介绍晚辈给长辈、下级给上级。同时，注意介绍双方的共同点或可能感兴趣的交集，以促进交流。

集体介绍：在集体场合，可按照座位顺序或职务高低进行介绍，注意平衡各方，避免遗漏。

2. 介绍的注意事项

准确无误：确保介绍内容准确无误，避免误导或产生歧义。

尊重隐私：在介绍中尊重他人的隐私权，避免泄露敏感信息。

适时适度：根据场合和氛围，选择恰当的介绍方式和内容，避免冗长或过于简略。

3.介绍在服务中的应用

在服务行业中，介绍是客户与服务人员建立初步联系的关键步骤。通过恰当的介绍，服务人员可以迅速向客户展示自己的专业素养和服务态度，为后续的服务流程打下坚实的基础。

信息卡五　倾听

【正念能量站】在服务中，倾听如观察仪态般重要，能洞察客户内心需求。它不仅是技巧，更是尊重与关心的体现。通过倾听，我们能更精准地把握客户需求，以专业的仪态和亲切的微笑展现职业修养，传递正能量。

倾听，在服务礼仪中占据着举足轻重的地位，它是有效沟通的基石，更是展现服务人员专业素养与关怀之心的关键。

倾听不仅仅意味着用耳朵接收声音，它更是一种全身心的投入，是对说话者尊重与理解的体现。在服务过程中，当客户向我们倾诉需求、表达疑问或不满时，真正的倾听要求我们做到以下几点。倾听与反馈的具体行为示范，见图5-3。

图5-3　倾听与反馈

1. 全神贯注

将注意力完全集中在客户身上，避免分心或打断客户。通过眼神交流、点头等肢体语言，向客户传递"我在认真听"的信号。

2. 保持耐心

无论客户的表述是否清晰、逻辑是否严谨，都应给予足够的时间与空间，不急于插话或下结论。

3. 避免偏见

在倾听时，尽量保持客观中立，不带个人偏见或预设观念，以开放的心态接纳客户的信息。

4. 积极反馈

通过适当的提问、复述或总结，向客户确认自己是否准确理解了其意图，同时也能让客户感受到尊重与重视。

5. 同理心倾听

尝试站在客户的角度思考问题，感受其情绪与需求，这种深层次的倾听能够建立起更深厚的信任。

在服务礼仪中，倾听不仅能够帮助我们准确捕捉客户需求，提升服务效率，更重要的是，它能够传递出我们对客户的尊重、理解与关怀，为服务增添温度，让每一次交流都成为一次愉快的体验。因此，倾听的艺术是每一个服务人员不可或缺的素养。

信息卡六　电话服务

【正念能量站】服务人员的专业素养与情绪状态，可通过电话服务时的语调、语速、停顿及态度自然流露。在服务过程中，电话沟通的细节承载着信任，专业表达传递着正念。通过电话服务，服务人员不仅传递信息，更传递温暖、尊重与关怀，还可构建客户心中值得信赖的服务形象。

电话作为现代服务行业中不可或缺的沟通工具，其服务礼仪直接关系到企业形象的塑造与客户满意度的提升。良好的电话服务能够迅速建立客户信任，促进业务合作，是服务品质的重要体现。

1. 电话服务的基本规范(图5-4、图5-5)

在电话接听过程中，需遵循一系列规范以展现高效与专业，具体可分为接听时效、初始沟通、通话互动及结束礼仪四个核心环节。

首先是接听时效的把控，需保证响应及时，应在电话铃响三声内接起，避免让来电者长时间等待。其次是初始沟通规范，接听时需先完成礼貌问候与自报家门，例如"您好，××公司"，待确认对方知晓后，再主动询问客户需求，开启正式沟通。

进入通话阶段后，需重点关注表达与倾听的双向配合。一方面要做到清晰表达，通过语速适中、音量适宜的语言传递信息，确保对方准确理解；另一方面要保持耐心倾听，给予客户充分的表达时间，不随意打断对话或急于下结论。同时，需适时做出积极反馈，通过"是的""您的意思是……对吗"等回应确认对内容的理解，以此展现对客户的关注与尊重。针对客户提出的问题，应提供专业、准确的解答，解答过程中需避免使用晦涩的行业术语，确保沟通无障碍。

最后是结束礼仪规范。通话结束时需礼貌地致谢并告别，例如使用"感谢您的来电，祝您有愉快的一天"等话术，让整个通话过程既得体又周到。

图5-4　接听电话	图5-5　电话沟通中操作电脑

2. 电话服务的注意事项

环境控制。保持通话背景安静，避免干扰。

情绪管理。保持平和心态，对于客户的不满或投诉，耐心处理，不传递负面情绪。

记录要点。对于重要信息或客户要求，及时记录，确保后续跟进。

3.电话服务在服务中的应用

电话服务广泛应用于客户咨询、投诉处理、业务跟进等多个环节，是服务人员与客户建立联系、解决问题的重要渠道。通过规范的电话服务礼仪，能够提升客户满意度，增强客户忠诚度，为企业带来良好的口碑与业务增长。

项目六

服务人员接待礼仪

任务卡一　家庭客抵店的"宾至如归"

内容	情景展示：服务人员接待刚抵店的一家三口。 进门迎宾—引领至前台办理客房预订—等待过程大堂休息落座并送茶水—拿到房卡后引领进电梯(是否行李托运)		
目标	1.掌握迎宾与引领规范； 2.能熟练综合运用礼仪规范服务言行； 3.提高服务意识，传递友善、文明的价值观。		
步骤	试	1.3人一小组； 2.学习信息卡； 3.揣摩相关服务礼仪规范； 4.小组展示。	
	解	教师解析的意见和建议：	
	练	1.吸取建议，修正仪态。 2.小组练习，教师个别指导。	
	用	结合信息卡，各小组自创服务情境，体现接待抵店客人的良好服务礼仪和服务意识。	

步骤	评	学生互评：
		教师点评：
		第三方评价：
成长记录		提示：上课过程中的感受、自我的收获等。

任务卡二　礼仪接待的"特情服务"

>>>

内容		小组展示：自拟角色和客情，模拟接待人员对特殊客情的处理情境。
目标		1. 规范服务中的礼仪行为； 2. 能提供个性化服务以解决服务中的特殊客情； 3. 培养服务中的礼仪意识，传递诚信友善的职业情感。
步骤	试	1. 3人一小组； 2. 学习信息卡； 3. 揣摩相关仪态； 4. 小组展示。
	解	教师解析的意见和建议：
	练	1. 吸取建议，修正仪态。 2. 教师带领学生进行练习。
	用	各小组自主思考客人还可能出现哪些特殊客情，怎样提供个性化服务，并模拟自创服务情境。
	评	学生互评：
		教师点评：
		第三方评价：
成长记录		提示：上课过程中的感受、自我的收获等。

信息卡一　前厅服务礼仪

【正念能量站】无论是酒店前厅还是公司前台，都是组织机构的门面，是客人进店和离店的必经之地，是对外联络的重要媒介和主要渠道。前厅人员会根据企业实际情况进行分工，在客人的来访、询问、登记、结账等日常服务中，直接影响信息传递等服务效果，也给客人留下第一印象。其友善、真诚、规范、公平、公正、文明程度，都直接体现出该组织机构的整体精神面貌和专业品质。

一、门厅迎送服务礼仪

1. 迎宾员服务礼仪

迎宾员通常是客人与酒店接触的第一个岗位，其主要负责宾客进出酒店大门的迎送工作。迎宾员在工作中需要注意的礼仪有以下几个方面。

注重仪表。迎宾员应穿制服上岗，做到着装整齐、仪容得体，面带微笑、精神饱满、站姿端正，随时恭候客人的来临。迎宾员恭迎客人标准示范，见图6-1。

协助下车。当有客人乘车抵达时，应立即主动上前为其开车门，迎接客人下车。开车门时，一般先开启右车门，并用一只手挡住车门框的上沿，以免客人碰头。对老人、儿童或行动不便的客人要保持关注，预判其需求，并主动征求客人意见予以帮助或提醒。

亲切问候。在客人进店时，要为其开启大门，并面带微笑热情问候："您好，欢迎光临！"见图6-2。当多位客人集中到达时，应为主宾开门并迅速向随行人员了解情况，在问候主宾的同时用目光和微笑向所有客人表达欢迎。

礼貌相送。客人离店时，迎宾员应主动上前询问是否需要代为叫车。车到达后，迎宾员要为客人打开车门并请客人上车。若客人有行李，迎宾员应主动帮其将行李放上车并核对件数。客人坐好后，迎宾员轻关车门。车发动时，迎宾员需躬身致意，然后立正站在车辆斜前方一米左右的位置，举手微笑道别："谢谢您的光临,欢迎下次再来,再见!"并目送客人离去。

图6-1　迎宾员恭迎客人

图6-2　迎宾员问候客人

2.行李员服务礼仪

行李员主要负责客人的行李接送工作。行李员需要注意的礼仪有以下几个方面。

热情迎接。在客人抵达酒店时,行李员要微笑问候,主动为客人卸下行李,查看车内有无遗漏物品,与客人一起清点行李件数并检查行李是否有损坏。注意:若客人坚持自携行李,应尊重其意愿,不可强行接过。

引领进店。在引领客人前往前台办理入住登记或进入客房时,行李员应走在客人侧前方约1米处。

注重细节。在装卸行李时,应轻拿轻放、有序摆放,确保行李物品不离开客人的视线。

耐心等候。客人在前台办理入住手续时,行李员应站在客人身后一米以外的位置,稳重站立,不要左右张望。既关注客人动向,预判其需求,又不过度窥探,尊重其隐私,保持耐心等候并随时准备提供服务。行李员耐心等候客人标准示范,见图6-3。

乘坐电梯。同客人乘电梯时,行李员应按住电梯按钮,礼让客人先入;出电梯时,也应示意客人先走出电梯,并适时用规范的手势示意前行方向。搭乘电梯礼仪标准示范,见图6-4。

进入房间。陪同客人到达客房后,将行李整齐摆放在行李架上或客人指定的位置，正面朝上、提手朝外，并请客人确认行李的数量和完好状态。离开时，应面带微笑地面对客人，后退一两步，再转身退出房间，并将房门轻轻关上。

离店服务。客人离店需要行李服务时，无论客人房门是开着还是关闭，行李员都需先按门铃或用手指关节轻声敲门，得到允许后方可进入。然后帮助客人清点行李、装车，送客人离店并道别。

图6-3　行李员耐心等候客人

图6-4　搭乘电梯礼仪

【便利贴】

迎宾员提示：如遇下雨天，应撑伞迎接宾客，若宾客带伞，则将其雨伞放在专设的伞架上并代为保管；如果客人携带行李，应立即协助行李员搬运行李，注意有无遗漏物品，然后引导客人至前台办理入住手续。

二、前台服务礼仪

1.接待服务礼仪

站立迎接。前台接待一般要求站立服务，凌晨1点后才可坐下。站立时遵从前面所述服务人员的站姿，注意根据具体服务情境灵活运用多种站姿。

主动问候。一是保持微笑，5米处目光接触，3米处行欠身礼，1米处问候。二是灵活问候，规范的同时体现个性化，如使用姓氏或结合天气问候，如"彭总您好，欢迎光临！""李总，外面雨大，您辛苦了！""请问有什么可以帮您？""请问您是否有预订？""请问您想要订什么类型的房间？"

快速办理。在一般情况下，应在2分钟内办理好入住登记。若客人较多，应按顺序依次办理入住手续，做到办理一个，接待另一个，招呼后一个，即"接一答二照顾三"。在查验、核对客人的证件时要有礼貌，确认无误后，要双手将证件交还给客人并表示感谢。前台服务人员归还证件标准示范，见图6-5。

图6-5　交还证件

耐心解答。在为客人提供服务过程中，若客人咨询附近的餐厅、购物中心、银行、名胜古迹等场所信息，应热情细致地一一解答。办理完入住手续后，在向客人发放房卡的同时，需清晰地为其指明电梯方向。若办理入住时因各类原因产生纠纷，务必格外注重礼貌礼仪，耐心向客人做好解释工作，坚决杜绝与客人发生争吵。倘若当天客房已满房，需及时向客人诚恳解释并致歉；对于不熟悉本地情况的客人，还可主动推荐附近的其他酒店，并向客人表达感谢光临以及期待下次再来的心意。

2. 离店服务礼仪

结账接待规范。客人离店前来总台结账时，结账员应双手收回房卡，当场仔细核对账单，确保服务热情、操作迅速、结算准确。

费用核对与疑问处理。收款金额需当面结清，若客人对消费单据提出疑问，应立即与相关部门核实确认，及时为客人消除疑虑。

多客接待秩序维护。遇到结账客人较多的情况，需严格遵循"先到先服务"的原则；对后到的客人，结账服务人员应礼貌地示意其稍候，避免因秩序混乱导致结算差错。

结账收尾礼仪。完成结账手续后，应向客人表达感谢，并以礼貌用语告别："谢谢，欢迎您再次光临，再见！"

【便利贴】

在接待服务中，不同的行礼方式往往有不同的含义。低头行礼：表示尊重。15°行礼：表示示意，主要用于迎接宾客或接受指示。30°行礼：表示敬礼，有感谢之意，常用于送别宾客。45°行礼：是最高级别的行礼，常用于道歉（有谢罪之意，不常使用）。

三、其他服务礼仪

1. 大堂值班经理

大堂值班经理是酒店与客人直接、密切联系的纽带。其工作职责主要包括协调酒店各部门的工作，代表酒店处理日常发生的事件，为客人排忧解难，监督各类问题的处理等。大堂值班经理在工作中需要注意的礼仪有以下几个方面。

注意形象。作为酒店对客服务的代表，大堂值班经理应注意时刻保持良好的形象，做到穿戴整齐、精神饱满、面带微笑，与客人交谈时谦逊有礼、态度诚恳、出言谨慎。

礼貌待人。有客人前来，应立即起身，主动上前问候，请客人就座。

耐心解答。对客人提出的问询，应给予全面详细的答复。接待时态度诚恳、认真、耐心，参考后面的便利贴的 SOFTEN 倾听原则，做到"急客人所急"并尽力满足；在任何情况下，都不能与客人争辩。

沉着冷静。如遇突发紧急事件，大堂值班经理应做到沉着、冷静、果断，及时向有关方面通报信息，尽快取得指示和协助，力求高效、妥善地为客人解决问题。

礼貌道别。接待结束，应向客人致谢，并礼貌地与客人道别。

【便利贴】SOFTEN 倾听原则

Smile	适时微笑
Open posture	保持开放的姿势(不交叉手臂)
Forward lean	身体前倾
Tone	真诚动听的音调
Eye Communication	保持目光交流
Nod	适时点头

2. 商务中心人员

许多酒店为了方便客人，满足客人进行商务活动的需要，在大厅设立了商务中心，为客人提供传真、复印、打字、翻译、会议记录、代办邮件等服务。商务中心人员在工作中需要注意的礼仪有以下几个方面。商务中心服务员办理业务标准示范，见图6-6。

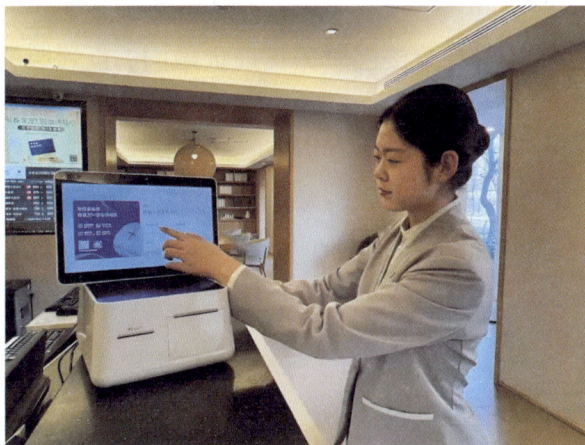

图6-6 商务中心服务员办理业务

服务人员在岗期间，应注意保持服饰整洁、仪态大方。当客人到来时，需热情主动地问候客人，并根据客人的具体要求，快速、准确且周到地提供服务。向客人递送文件时，要面带微笑地注视客人，并用双手完成递交动作。在服务全过程中，需本着对客人高度负责的态度，充分尊重客人的意愿，坚决不泄露客人的隐私。

3. 电话总机人员

电话总机人员是酒店里"看不见的服务员"，主要负责接转电话、代客留言、叫醒服务等工作。他们虽然不与客人直接见面，但是，由于人的声音与表情往往是协调一致的，所以在工作中需要注意以下几个方面的礼仪。

通话规范。电话总机人员在通话时，声音要轻柔甜润，态度要亲切诚恳，多使用礼貌用语，并始终保持微笑服务。时刻提醒自己，虽然客人听到的只是声音，但要让客人"听到"微笑。

转接电话。接转电话时，必须先问清来电者的姓名与事项，然后征求客人的意见，待客人同意后才可将电话转接到房间；若客人表示不愿意接听，应委婉地告知来电者。若客人不在酒店内，应主动请来电者留下姓名及电话号码，以便转告；如要求直接留言，应做好详细记录并复述核对，待客人归来时及时转告。

叫醒服务。为客人提供叫醒服务时，应问清房间号、叫醒时间并仔细核对，填写叫醒单。叫醒客人时，应说："您好！现在是××点钟，您该准备出发了。"注意语言要委婉，语气要柔和，声音要甜美。若无人接听，可隔2~3分钟再次拨打电话，若三次无人接听，需要请楼层服务员前去敲门，直到叫醒客人为止。

信息卡二　客房服务礼仪

【正念能量站】客房是客人在酒店"临时的家"，客人在酒店的大多数时间在客房度过，因此，客房服务质量决定了整个酒店的服务质量。客房以"暗"服务为主，像田螺姑娘般默默守护，也像阿拉丁神灯般在不打扰客人的前提下满足客人合理的需求。客房服务员的职业素养同样重要，仪表整洁自然、举止端庄大方、精神饱满、热情有礼、恪守职业道德，都是客房服务产品价值的重要组成部分。

客房部对客服务礼仪根据客人的订、来、住、走，分为客人入住前服务礼仪、客人到达时服务礼仪、客人入住后服务礼仪和客人离店时服务礼仪这四个方面。

一、客人入住前服务礼仪

客人与酒店完成预订时会传递客情信息。客房服务员要遵守以下礼仪要求。

1. 形象准备

客房服务员应在上岗前根据饭店要求做好仪容仪表准备，并在班前例会时接受检验。形象准备不仅是遵从并执行岗位条例要求，更是进行身份转换、投入服务员角色的重要环节，从物质和心理方面做好对客服务的充分准备。

2. 掌握客情

客房服务员在班前例会上通过前厅送来的宾客名单或住宿通知单了解客情，要做到"七知"（即知道客人国籍、人数、抵店时间、身份、接待单位、客人要求和收费办法）、"三了解"（即了解客人的宗教信仰和风俗习惯、生活特点和活动日程安排、离店日期），为后续提供个性化服务做好准备。

3. 整理房间

按照客房清扫规程完成客房清扫，确保客房清洁卫生达到制度要求的清洁标准和感官标准，并经过检查后做好迎客准备。客房服务员整理房务工作车标准示范，见图6-7。

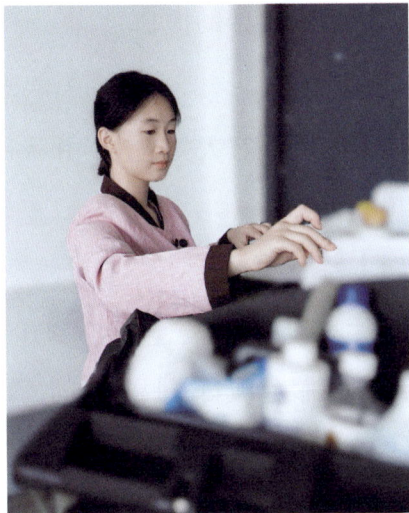

图 6-7　客房服务员整理房务工作车

二、客人到达时服务礼仪

客人到达客房楼层时，服务人员应主动、热情地欢迎客人，做到语言亲切、举止大方、礼貌周到。楼层服务员迎宾标准示范，见图6-8。

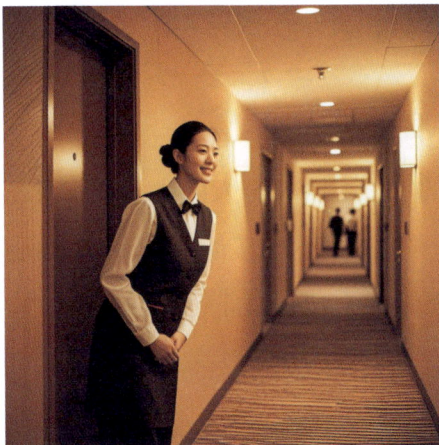

图 6-8　楼层服务员迎宾

1. 梯口迎客

在客人出电梯时，楼层服务员立刻停下手中动作，用客人的姓氏或尊称向客人问好："先生/小姐您好，一路辛苦了，欢迎您入住我们酒店。"随后引导客人前往房间，如无行李员护送，则应主动接过客人的行李。对客人随身携带的手提包或小件物品，应在征得客人同意后再帮助提拿。

2. 带客进房

在到达房间门口时，应开门礼让客人先进房，并将行李物品放置妥当。待客人坐下后，送上茶水和香巾。

3. 介绍房间

向客人简要介绍客房的主要设施设备，包括空调开关、电视开关、呼叫服务员的按钮等，同时简单介绍酒店服务项目、服务时间、餐厅楼层、主营风味及开餐时间等事项，视客人状态灵活调整介绍内容和时长。

4. 道别离房

介绍完毕后，主动询问客人："请问还有什么我能为您服务的吗？如果您有什么需要，可以拨打×××，我们随时为您服务。祝您入住愉快。"然后后退离开客房，轻轻地关上房门。

三、客人入住后服务礼仪

（一）进出客房的礼仪要求

1. 进房前的预判与准备

养成进房前先思考的习惯，揣摩客人的生活规律和禁忌，不要干扰客人的休息和起居。同时还应想一想是否还有其他事情要做。例如客人在房间里用了早餐，去整理客房时就应想到顺手把托盘带上，以便及时收拾餐具，这样做既是为客人着想，也减少了自己不必要的往返次数。

2. 关注房门提示信息

注意房门和指示灯的提示信息，凡在门把手上挂有"请勿打扰"（Don't

Disturb)牌子、反锁标志，或房门一侧的墙上亮有"请勿打扰"指示灯时，不要敲门进房。如果到了14：00，仍未见客人离开房间，里面也无声音，则可打电话询问。若仍无反应，说明客人可能生重病或发生其他事故，应立即报告主管。

3.进房前敲门通报规范

养成进房前先敲门通报的习惯，具体步骤如下：站在距房门约1米处，避免靠门过近；用食指或中指轻敲三下门(或按门铃)，禁止用手拍门或用钥匙敲门，且敲门需有节奏以引起客人注意；等候客人反应约5秒，同时通过窥视镜观察房内情况；若客人无反应，重复轻敲门(或按门铃)和等候反应的动作；若仍无反应，用房卡开门时需轻轻转动门把手，并用另一只手按住门锁手柄，避免猛烈推门(防止客人仍在休息或门上挂有安全链)；开门后观察房内情况并清晰通报"整理房间(HOUSEKEEPING)"，若发现客人正在睡觉，应立即退出并轻轻关门；若敲门后客人应声，服务员需主动说明"整理房间"，待客人允许后方可进行清扫。

4.出客房时礼仪规范

出客房时应询问客人："还有什么我能帮您的吗?"，然后面向客人退出房间，并轻轻关上房门。

(二)清扫客房的礼仪要求

1.时间准则

清扫工作以不干扰客人为准则。例行的客房清扫工作一般应在客人不在房间时进行。客人在房间时，必须征得客人同意后方可进行清扫。

2.职业规范

讲究职业道德，尊重客人的生活习惯和对客房的使用权。

工作状态与效率要求。保持良好的精神状态，吃苦耐劳，保证应有的工作效率。

客用布件使用禁忌。不得将客用布件作为清洁擦洗的用具。

客房电话使用规范。不得使用或接听客房内的电话，以免发生误会或引起麻烦。

客人文件书刊整理规范。清扫时将客人的文件、杂志、书报等稍加整理，但不能弄乱位置，更不能翻看。

客房设备用品使用与休息禁忌。不得使用客房内的设备和用品，不得在客房内休息。

客房人员准入管理。不能让闲杂人员进入客房。

房内客人互动礼仪。如果客人在房内，除了必要的招呼和问候，一般不主动与客人闲谈。客人让座时，应婉言谢绝，不得影响客人的休息和在房内的其他活动。

客房空调调节标准。房间有客人时，可遵从客人意见或将空调开到中档，无人时则可开到低档。

客人习惯尊重与隐私保护。注意了解客人的习惯和要求，保护客人的隐私，满足客人的合理要求。

客人散落物品处理要求。除放在纸篓里的东西外，即使是放在地上的物品也只能替客人做简单的整理，切勿自行处理。

女性化妆品整理规范。女性用的化妆品，可稍加整理，但不要挪动位置。即使瓶内的化妆品已经用完了，也不得将空瓶或纸盒扔掉。

客人衣物整理要求。客人放在床上或搭在椅子上的衣服，如不整齐，可挂到衣柜里。睡衣、内衣也要挂好或叠好，放在床上。女宾住的房间更需小心，不要轻易动房间内的衣物。

壁柜清洁注意事项。擦壁柜时，只需进行主要表面清洁即可。注意不要将客人的衣物弄乱、弄脏。

行李架清洁标准。擦拭行李架时，一般不挪动客人的行李，擦去浮尘即可。

客人私人物品触碰禁忌。不要随意触摸客人的照相机、笔记本电脑、手机、钱包等私人物品。

客人中途回房应对规范。若客人中途回房，服务员应停下手中的工作，礼貌地向客人出示房卡或工作证件。确认完毕后，询问客人是否需要继续清理。若客人允许，则继续清理，并在清理完毕后向客人致谢。若客人暂不同意清理客房，则将房间号和客人要求清扫的时间写在工作表上，向客人致歉并退出客房，轻轻地将房门关上。

工作完成后离房规范。完成工作后立即离开客房，不得在客房内滞留。

3.注重环保也节约

在清扫工作中需切实厉行节约并注重环境保护:一方面,要尽可能选用有利于环境保护的清洁用品,从源头上降低对环境的影响;另一方面,在确保客房清洁和整理质量的前提下,需尽量节约水、电等各类资源,避免浪费。同时,要对废纸、有机废物、金属和塑料废物进行分类处理,具体包括回收旧报纸、玻璃瓶、易拉罐等可循环利用的物品,促进资源的二次利用。此外,清洁保养工作应坚持以保养为主的原则,通过科学的保养方式减少清洁剂对物品的损伤,延长物品使用寿命的同时减轻环境负担。

(三)对客服务礼仪要求

1.对客服务语言规范

与客人交谈时,需保持站立姿态,双方距离控制在 0.8~1 米;谈话过程中,严禁做出伸懒腰、打哈欠、摆弄物品等行为,且要避免唾沫四溅。待客人完整表述后再予以回应,不得随意打断客人谈话。三人及以上共同对话时,须使用在场所有人都能听懂的语言,禁止在客人面前用方言交流或扎堆闲聊。交谈内容不得涉及客人不愿提及的话题和隐私。回答客人问题时,严禁直接说"不知道",应秉持积极态度协助客人,或采用婉转方式回应。接听电话时,先清晰地报出自己的岗位及姓名,再礼貌地询问对方:"我能为您做些什么?"因急事需暂时离开正在接待的客人时,应说:"对不起,请稍候。"返回继续服务时,需说:"对不起,让您久等了。"

2.对客服务行为规范

若遇客人情绪不佳、言语过激,不得面露不悦,须坚守"客人永远是对的"准则妥善应对。工作期间,当有客人走近时,应立即微笑示意,表明已注意到客人到来,不得毫无表示或等待客人主动开口。在工作间、客房及走廊等区域活动时,要做到走路轻、说话轻、动作轻。为客人提供服务过程中,不得频繁看手表。

3.特殊情况处理规范

礼物收受。不得轻易接受客人赠送的礼物;若确实不便拒收(以免失礼),

应向客人表示感谢，并按相关规定上交。

房卡相关。住客忘带房卡要求开门时，需请客人出示相关证件，与前台确认身份后再开门；若客人既无有效证件也无房卡，可请其说出姓名与前台核对，或描述房内物品特征、房卡摆放位置等信息；若客人无法提供任何有效证明，不得为其开门，应婉言解释并引导至前台办理手续，同时做好记录并通知保安部关注，以防意外。

物品借用。客人借暖风机时，先提醒关闭冷气，并告知可提供棉被。若客人坚持借用，需由大堂副理与客人沟通后再办理借用手续；客人借用螺丝刀、大剪刀等利器时，要委婉询问用途，确认是否需要工程部人员协助，避免发生盗窃、自杀等恶性事件；若租借物品已逾期，服务员可主动询问客人是否需要办理续借手续，以此委婉提醒归还。

（四）处理特殊客情

有的客人除了需要日常生活服务，可能还会有一些特殊要求，如客人生日、结婚纪念日、朋友聚会等。客房服务人员要了解这些需求，以便提供针对性服务。在提供针对性服务时，服务人员可以适时、恰当地推销酒店的其他设施。例如，若客人需要开小型洽谈会，可以推荐酒店的会议室；若客人有举办生日聚会的需求，可以推荐酒店的餐厅宴会产品。服务人员在做到预测并满足客人需求的同时，也能为酒店创造利润，实现双赢。其他特殊客情还涉及：

1. 无房卡服务

若客人称房卡丢失或遗留在客房，要求服务人员为其开门，服务人员应先核实其身份（语言要委婉），确认无误后再为其开门，并向客人诚挚地说明："实在不好意思给您添麻烦了，我们也是为了您的安全着想，谢谢您的理解和配合！"

2. 丢失财物的服务

若客人在客房内丢失财物，服务人员应安抚客人并帮助客人回忆财物丢失的过程，可运用前面所授的 SOFTEN 倾听原则等技巧，让客人感受到被关注、被帮助，同时向上级和保安部报告，协助有关人员进行调查。

3. 客人生病的服务

若客人在住宿期间生病，服务员应主动询问是否需要到医院就诊，并给予加倍关照，切不可自行给客人用药。若客人突发疾病，应立即报告上级和大堂副理，并联系附近的医院对客人进行救治。

4.客人醉酒的服务

若客人在住店期间发生醉酒现象，服务人员应理智、周到地处理。首先，应与保安人员一起扶客人回房休息，切不可单独搀扶醉酒客人进房或为客人解衣就寝，以免发生误会；其次，应将情况报告上级，并时刻注意房内动静，必要时采取措施。对于酗酒吵闹的客人，应多加留意，避免发生损坏客房设备、扰乱其他住客休息或自伤等事件，必要时应立即通知上级和保安部人员。

四、客人离店时服务礼仪

客人离店的服务工作，既是客人对客房服务的最后印象，也是为酒店争取回头客的重要时机。

1.礼貌问候

服务团队成员应该及时传递客情信息，客房服务员在了解客人的离店时间后，进入客房应先向客人问候，并询问是否需要帮助。若客人有行李，应通知行李员协助运送。

2.热情送客

服务人员将客人送至电梯口，并向客人告别："祝您一路平安，欢迎下次光临!"对重要客人或老弱病残者，可送到前厅或车上，并给予特别照顾。

3.迅速查房

在客人离房后，服务人员要迅速检查房间，查看是否有客人遗落的物品、房间设备有无损坏、客房用品有无丢失等。如果发现遗落的物品，应立即归还；若客人已离开，则应记录好房间号、时间、物品名称并及时报告。如果客房设备损坏或用品缺失，应联系总台处理，服务人员一般不直接与客人联系。

信息卡三　餐厅服务礼仪

【正念能量站】餐饮部是酒店对客服务的重要门面，餐厅除了为客人提供美味佳肴，更要注重营造温馨的用餐环境、提供热情周到的服务，这些无形的产品蕴含着极大的附加值。餐厅服务水准的高低很大程度上取决于服务人员是否具有娴熟的服务技能和良好的服务态度，因此，服务礼仪的运用就显得尤为重要。

一、迎宾员

1. 迎客准备

迎宾员一般应在餐厅营业前20分钟站在餐厅门口两侧，做好迎接客人的准备。着装应整洁、得体，仪容应端庄、大方，站姿应优雅、规范。

2. 礼貌问候

迎宾员应神情专注、反应敏捷，注视过往宾客。当宾客行至距餐厅约1.5米处时，应面带笑容，热情地问候："您好，欢迎光临!"对于所有宾客，迎宾员都要主动、热情地迎接，不可厚此薄彼。客人离开餐厅时，迎宾员应礼貌地道别："谢谢您的光临，请慢走，再见!"

二、引位员

1. 热情问候

引位员见到客人后，应立即上前迎接，面带微笑地问候："先生(小姐)，您好!""晚上好!""请问有预订吗?""请问您一共几位?"若有多位客人同时到达，应遵循先主宾、后随员，先女宾、后男宾的问候顺序。

2.引领入座

对有预订的客人，应迅速查阅预订记录，手持菜单、酒单走在客人左前方 1 米左右，不时回头用规范的手势示意并说"请跟我来""这边请"，直到把客人引领至其预订的位置入座。引领入座标准姿势示范，见图 6-9。

图 6-9　引领入座

对没有预订的客人，应根据其人数、喜好、年龄、身份等选择合适的座位并引领其入座。如果客人对座位的选择有要求，应尽量满足。

如果餐厅座位已满或客人需要等同伴聚齐后再入座，可以先请客人在休息室或沙发上等候，并为其准备好茶水和点心。

3.协助入座

引导客人到餐位后，要先询问客人是否满意，然后再为客人拉椅让座。拉椅时应用膝盖顶住椅子后部并轻轻拉出，避免椅子与地面摩擦发出声响。拉椅也应遵循先主宾、后随员，先女宾、后男宾的礼仪顺序，若客人人数较多，则示意性地为一两位客人拉椅即可。随后，将多余的椅子与餐具撤走。

三、值台员

1.餐前服务礼仪

热情迎宾。值台员应与引位员配合安排客人落座，协助客人脱衣摘帽，并按顺序挂好客人衣物。如果客人的衣物搭在椅背上，应及时套好椅套。

斟茶递香巾。在客人入座后，要及时为客人斟茶并递香巾。上茶时，将茶具放在托盘里，轻轻放置在餐桌上。倒茶时，右手握住壶把，左手按住壶盖，将茶水徐徐倒入杯内，注意不要倒得太满，以免茶水外溢。端茶时，切勿用手指接触杯口。发放香巾时，将香巾放在碟内，用夹子递给客人。递送时一般按顺时针方向依次递送并招呼："先生（小姐），请！"

点菜服务。在客人入座后，要时刻注意客人的点菜示意并及时递上菜单。递送菜单时要态度恭敬，确保菜单干净、无污损。在点菜时，应微笑着站在客人右侧，与客人保持合适的距离，上身稍向前倾，手持点菜本认真记录。点菜完毕后，应向客人复述菜品并询问是否需要酒水饮料等，随后迅速将点菜单送至厨房，尽量减少客人等候的时间。点菜服务标准示范，见图6-10。

图6-10　点菜服务

【便利贴】

在点菜过程中，服务人员要做到神情专注，有问必答，百问不厌。不要催促客人点菜，而应耐心等候。必要时，可在征求客人同意后暂时离开餐桌，以便客人有足够的时间去考虑或商量。当客人不能决定点什么菜时，服务人员可向其热情地推荐本餐厅的名菜、特色菜、创新菜、时令菜等。但应注意推荐时要讲究说话方式和语气，留意客人的反应，充分尊重客人的意愿，不要勉强或硬性推荐。若客人所点的菜当日没有供应，服务员应向客人表示歉意，并委婉地向客人推荐其他类似菜肴。若菜肴的烹制时间较长，应提前向客人说明原因。若客人点出菜单上没有的菜品，不可一口回绝"没有"，而应说："对不起，这道菜目前菜单上没有，请允许我跟后厨商量一下，尽量满足您的要求。"

2.上餐服务礼仪

上菜规范。上菜需选择合适的位置，一般应避开主人和主宾，在陪座之间操作。上菜时，应双手端平餐具，手指不可接触菜肴，严禁越过客人的头顶上菜。双手将菜放稳后，应将新菜转至主人和主宾之间以示尊重。放菜后应后退一步，清晰地报出菜名。所有菜肴上齐后，应告知客人"菜已上齐，请慢用"。宴会上菜时，遵循主桌在前、陪桌在后的顺序。

斟酒礼仪。斟酒时，应当着客人的面开启酒瓶盖或饮料盖，并从客人的右侧进行，不可站在同一位置为两位客人斟酒。斟酒顺序一般为先斟烈性酒，后斟啤酒、果酒、饮料等。斟酒姿势为右手提酒瓶，左手轻扶杯身徐徐倒入，瓶口不要碰到杯口，也不要拿得太高，以免酒水溅出。斟冰镇酒类时，应用餐巾包好酒瓶，避免水滴落在客人身上。斟酒的顺序为先主宾，再按顺时针方向绕桌，最后为主人斟酒。续斟时，应先征得客人同意。

【便利贴】

注意：主人或客人祝酒或发表讲话时，应停止上菜，但要及时斟酒，以便宾客干杯。

3. 餐间服务礼仪

随时服务。客人用餐期间，值台员应巡视四周，随时应答客人的招呼。在为一桌客人服务时，如果其他桌的客人有需求，应点头微笑或用手势示意，表明已知晓并将马上提供服务。

主动服务。若发现客人的餐具不慎掉落在地上，值台员应立即上前拾起，并换上干净的餐具。撤换餐具时，需轻声询问客人，在得到允许后方可撤换，注意轻拿轻放，动作要利落。在整个值台过程中，服务人员应坚守岗位，站姿规范，神情专注。

适时服务。客人用餐没有结束，即使营业时间已过，也不应该催促客人，或忙于收盘、打扫等不礼貌的逐客之举。整个餐厅的清扫应在所有客人离开后进行。

4. 结账服务礼仪 (图 6-11)

服务人员不应催促客人结账，而要等客人主动提出结账。结账的程序通常如下。

确认账单。将账单交给客人过目。账单要求清洁、干净，账目清晰。若客人有疑问，应耐心向客人解释；若账单有问题，应及时解决。

礼貌收款。用双手礼貌地收取客人的钱款，并当着客人的面清点唱收，及时

图 6-11　结账服务

交到收款台核对、办理，并向客人表示感谢。

递物核收。找回的余款或银行卡单据，要及时放到托盘里交还给客人，请其清点、核查，并向客人表示感谢。

【便利贴】

1.分清付款对象。当客人结账时，应分清由谁付款，弄错付款对象，可能会让客人对餐厅服务产生不满。

2.注意服务态度。在餐饮服务中，服务人员的态度应始终如一，即使在结账阶段，也应做到热情主动，切忌在客人结账后就停止为其服务，而应继续为他们斟茶送水、询问他们的要求，直至他们离开。

5.送客服务礼仪

送客也是餐饮服务中不可或缺的项目，能体现对客人的尊重和关心。送客服务应注意以下几个要点。

第一，客人离开前，如果想要将剩余饭菜打包带走，服务人员应及时拿出打包盒与打包袋，积极主动地为其服务。

第二，客人起身离开时，服务人员应主动上前为其拉开座椅。

第三，要帮助客人穿外衣，提醒他们不要遗落物品。

第四，要礼貌地向客人道别，欢迎他们再次光临，并面带微笑地目送客人离开，或将他们送至餐厅门口。

信息卡四　酒吧服务礼仪

【正念能量站】酒吧是酒店餐饮部的下属单位，是客人休闲、娱乐、交际的场所，也是酒店盈利较高的部门之一。为了给客人提供一个更为优美、舒适的休闲环境，酒吧服务人员必须在提供高标准服务的同时洁身自好，树立正确的"三观"，积极向上，传播正能量。

一、酒吧服务员礼仪

1. 上酒

服务人员给客人上酒水饮料时，应使用托盘，并从客人右侧送上，以方便客人饮用。将酒杯放下时，不宜举得过高，要从低处慢慢地送到客人面前。对背向而坐的客人，上酒水时应轻声提醒客人注意，以免客人突然起身碰翻酒水。

2. 斟酒

斟酒前，服务人员要将瓶身擦拭干净，特别是瓶口要擦拭干净。送酒时，要记清客人的桌号，以免送错。提供整瓶出售的酒品时，开瓶时应用左手托瓶底，右手扶瓶身，将酒标展示给客人，经客人确认无误后，方可打开瓶盖斟酒。需注意的是，瓶口始终不能对着客人，以免酒水洒到客人身上。

【便利贴】

服务人员应根据酒品种类的不同决定斟酒量：白酒最好不超过 3/4 杯；红葡萄酒约 1/3 杯；白葡萄酒约 2/3 杯；香槟酒斟入杯中时，应先斟到 1/3，待酒中泡沫消退后，再往杯中续斟至七分满。

二、酒吧调酒师礼仪

1. 接待礼仪

客人来到吧台时，调酒师应主动微笑问候客人。对常客需记住其姓名与爱好，热情地提供其喜爱的饮品，同时要关注同事的工作状态。对独自前来的客人，可适当陪同聊天；若客人明确表示不想被打扰，应尊重其意愿。

2. 操作与行为规范

需讲究卫生，做到文明操作，摇晃调酒壶的动作要适度。坚持站立服务，不得背对客人；拿取身后的酒瓶时，应侧身进行。时刻注意言行举止，不可将胳膊撑在柜台上，不可双手交叉抱臂或倚靠酒柜，禁止在吧台饮食或与同事闲聊。调酒师服务准备标准示范，见图6-12。

图6-12　调酒师服务准备

3. 沟通禁忌

当客人之间谈话时，严禁旁听或插话；当客人低声交谈时，调酒师应主动回避。

三、酒吧结账服务礼仪

1. 接待礼仪

客人来到吧台时，调酒师应主动微笑地问候客人。对常客需记住其姓名与爱好，热情地为其提供喜爱的饮品，同时要关注同事的工作状态。对独自前来的客人，可适当陪同聊天；若客人明确表示不想被打扰，应尊重其意愿。

2. 操作与行为规范

需讲究卫生，做到文明操作，摇晃调酒壶的动作要适度。坚持站立服务，不得背对客人；拿取身后的酒瓶时，应侧身进行。时刻注意言行举止，不可将胳膊撑在柜台上，不可双手交叉抱胸或倚靠酒柜，禁止在吧台饮食或与同事闲聊。

3. 沟通禁忌

客人之间谈话时，严禁旁听或插话；当客人低声交谈时，调酒师应主动回避。

4. 结账服务

客人示意结账时，要尽快用托盘递上账单，请客人核查。客人付款后需唱收，若付款的客人已有醉意，应当着其同伴或邻座的面唱收，以免发生纠纷或误会。不可催促客人立即结账，也不可因客人消费太少或逗留时间过长而怠慢客人。若客人在酒吧逗留时间长且无意离去，只要不超过营业时间，切不可催促。

5. 特殊情况应对

醉酒的客人往往会有失常的言行，对他们应耐心提醒，以礼相待。若发生意外情况，应沉着冷静，立即向部门经理或有关部门反映并协助处理。

6. 送别礼仪

客人离开时，要热情道别，提醒其查看是否有遗落物品，并致以谢意，欢迎下次光临。

信息卡五　康乐服务礼仪

【正念能量站】为了使客人的住店生活更加丰富多彩、舒适愉快，现在许多酒店设立了康乐中心。这些岗位的服务人员不仅要有精湛的专业技能，更需要树立健康阳光、积极向上的三观，使自己始终走在正确的成长道路上，也使周围的人和事沿着正确的方向发展，从而不迷失自我，并能传播正能量。

一、游泳池服务礼仪

游泳池服务员在服务中应做到以下几点。游泳池服务员恭候客人标准示范，见图 6-13。

图6-13　游泳池服务员恭候客人

1.迎接与引导

需端庄地站立在服务台旁,恭候客人的到来。当客人到来时,应热情问候,递上更衣柜钥匙、毛巾等物品,随后引领客人到更衣室,并提醒客人妥善保管好自己的随身物品。

2.安全关注

当客人游泳时,要时刻留意客人的安全。对老人和小孩需格外关注,加强巡视,若发现异常情况,要及时通知救生员。

3.休息服务

当客人休息时,应热情地送上水或饮料。需注意的是,不能为客人提供玻璃瓶装饮料,而应使用塑料软包装饮品,以保障客人的安全。

4.送别礼仪

当客人离开时,主动收回更衣柜钥匙,礼貌地提醒客人检查是否有遗留物品,然后将客人送至门口,热情地道别并欢迎再次光临。

二、保龄球服务礼仪

保龄球服务人员在服务中应做到以下几点。

1.迎接与引导

当客人到来时,应表示欢迎,随后请客人选择适当重量的保龄球,再双手将干净完好的保龄球递给客人。之后为客人分配球道,送上记分单,并主动询问客人是否需要帮助记分。

2.新手指导

对于初次到来的客人，应根据其性别、年龄、体重等情况，帮助选择合适重量的保龄球，同时详细介绍保龄球活动的步骤与方法，提醒客人注意安全，避免运动时受伤。

3.贴心服务

服务过程中，要适时、礼貌地询问客人是否需要水或饮料，提供热情周到的服务。

4.送别与结账

当活动结束时，要礼貌地收回保龄球，恭请客人结账，向客人表示感谢并热情地道别。

三、健身房服务礼仪

1.迎接与引导

当客人到来时，服务人员要笑脸相迎，礼貌问候，主动热情地介绍器材的性能和使用方法，同时表示欢迎。请客人选择适当重量的保龄球后，双手将干净完好的保龄球递给客人，再为客人分配球道、送上记分卡，主动询问是否需要帮助记分。如果客人需要指导，应立即讲解并示范；对于需要陪练的项目，若客人有需求，可按规定请客人办理付费手续后提供陪练服务。

2.新手指导

对于初次到来的客人，应根据其性别、年龄、体重等情况，帮助其选择合适重量的保龄球，同时详细介绍保龄球活动的步骤与方法，提醒客人注意安全，避免运动时受伤。

3.安全关注与贴心服务

服务过程中，要适时、礼貌地询问客人是否需要水或饮料，提供热情周到的服务。当客人在器械上操作时，应特别注意其安全，以防发生意外。

4.送别与结账

当活动结束时，要礼貌地收回保龄球，恭请客人结账，向客人表示感谢并热情地与客人道别。

四、桑拿浴服务礼仪

1. 迎接与介绍

当客人到来时，要热情地问候。若客人是第一次来，应主动介绍桑拿浴的流程与注意事项；对于患有心脏病或不适合高温环境的客人，需礼貌地提醒他们可能不适合桑拿。

2. 温度调节

主动询问客人对温度的要求，根据客人需求将桑拿房调至适宜的温度。

3. 过程关注

当客人进行桑拿浴时，应密切关注其状态，防止发生意外，尤其是对于无人陪同的年长客人，更要给予特别关注和照顾。

4. 卫生保障

做好清洁卫生工作，确保环境舒适、浴具干净。

5. 送别与提醒

当客人离开时，要提醒客人查看是否有遗忘的物品，并热情地与客人道别。

【服务现场】

国际气候论坛的第一天，来自广东的环保专家李博士因航班延误，深夜才抵达酒店。疲惫的他发现会议签到台仍然鲜花掩映，会议接待员小林微笑着递上一杯热茶："李博士，您的入住手续已办好，这是根据会议回执问卷备注准备的姜茶，助您驱寒。"

次日清晨，李博士发现房门上挂着中英文提示卡，上面写着："今日室外温度5℃，建议添衣。"在会场入口，工作人员恭候着他："李博士早上好，您的名牌已提前放在第三排，同传耳机已调好。"茶歇时，餐台竟有他问卷中提到的"广式春卷"，一旁立牌上写着："欢迎李博士品尝家乡味道。"

离场时，李博士特意找到小林："你们让我在这里感受到了家的温暖。"小林笑道："您的满意卡我们收藏了——背面画着笑脸的那张。"

服务亮点：

1. 深夜值守：保障延误客人的无缝对接。

2. 问卷落地：从姜茶到广式春卷，用细节兑现承诺。

3. 主动关怀：气温提示卡体现气候会议特色。

4. 情感共鸣：用"收藏笑脸卡"强化服务温度。

信息卡六　会议服务礼仪

【正念能量站】随着商务活动的兴起和发展，会议与旅游之间的联系越来越紧密，会议中安排旅游、旅游中穿插会议，会议旅游成为一种新的旅游形式。为了给商务人员提供良好的服务，服务人员应熟悉和践行会议服务礼仪，展示中华文化和大国形象。

一、会前准备礼仪

任何会议，不论规模大小，要想获得圆满成功，达到预期的效果，必须做好会前的准备工作。会议服务准备标准示范，见图6-14。

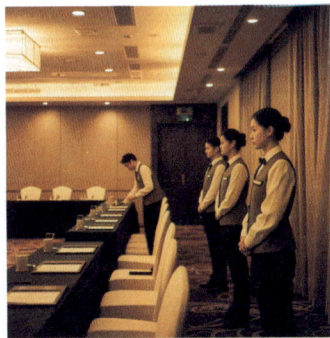

图6-14　会议服务准备

（一）拟定接待方案

为确保会议服务工作的顺利开展，必须先制定科学、可行的接待方案。接待方案一般包括以下内容。

1.确定接待规格

接待规格体现了主办方对接待对象的重视程度。接待规格的确定要结合会议的目标、任务、性质、接待方针，综合考虑参会人员的身份、影响等，还要符合相关接待政策的规定。接待规格的高低主要体现在以下几个方面。

接待人员的职务。在迎接、宴请、送别接待对象时，根据主办方派出的接待人员的职务不同，可分为三种接待规格：一是高规格接待，即接待人员的职务高于接待对象，以体现对接待对象的尊重；二是对等规格接待，即接待人员的职务与接待对象的职务相当；三是低规格接待，即接待人员的职务低于接待对象。

主办方安排宴请、参观、游览、娱乐活动的次数、规模和隆重程度。次数越多、规模越大、场面越隆重，说明接待规格越高，反之则越低。

食宿标准。接待对象的食宿标准越高，说明接待规格越高，反之则越低。

2. 明确接待内容

会议接待的内容主要包括接站、食宿安排、宴请、翻译服务、观看电影或文艺演出、参观游览、送站送别等。接待内容的安排应该服从整个会议活动的大局，并有利于接待对象的休息调整，做到既能使会议活动有张有弛、节奏合理，又能为会议活动营造轻松和谐的氛围。

3. 安排接待日程

接待日程的安排应结合会议活动的日程安排来考虑，并在会议日程表中体现出来，以便接待对象提前了解。

4. 明晰接待责任

接待责任是指会议活动中各项接待工作的负责部门及人员的具体职责。接待责任必须分解并落实到每个人，必要时可设立专门的工作小组。

(二)选定会议场所

拟定接待方案后，应按照方案要求及时预订酒店及会议场所。会场应根据会议性质、参加人数、交通便利性、整体活动情况、场所硬件设施等综合考虑后选择并预订。

(三)进行业务培训

会议开始前，所有现场服务人员都要按分工提前进入工作岗位，参加业务培训，熟悉岗位环境，了解服务规范。若是大型会议，还需在会前进行业务演练，力求达到一流服务标准。

(四)准备会议资料

根据会议的性质、特点及要求，会议接待人员应为来宾准备其在会议期间所需要的各种资料。可将全部资料装入一个资料袋，既方便工作人员分发，也方便参会人员携带。

【便利贴】

会议资料主要包括会议通行证、会议内容资料、会议活动日程安排、会议指南、参加会议名单、本地地图、注意事项等。

（五）进行清洁工作

会议使用的场地、相关通行路线、周围环境等都需要进行全面、细致的清洁工作，确保会议环境的干净、整洁。

（六）开展安全检查

与会议有关的场所、设备、建筑、陈设等，应进行全面的安全检查。大型会议还需请公安、消防、建筑设计等相关部门或单位进行联合安全检查。清除易燃、易爆物品，排除一切不安全的隐患，确保大会的安全。

（七）布置会场

会场的整体布局是否合理，设备是否齐全，会场营造的气氛是否与会议主题相符，都会对会议的效果产生直接影响。因此，会场布置是一项非常重要的工作。工作人员应根据会议的主题、性质、类型、人数、会场大小等情况布置会场，会场的布置主要包括会场的装饰和座席的布置。

1. 会场装饰

会场装饰是指运用文字、图案、色彩和装饰物等烘托会场气氛。不同的会议对会场环境有不同的要求。例如，座谈会会场要求和谐融洽，庆祝大会会场要求喜庆热烈，纪念性会议会场要求隆重典雅，日常工作会议会场要求实用简单。对会场进行装饰性布置并不是会议活动的必要条件，但是美观、得体的装饰对会议的效果能起到非常好的作用。

重要部位的装饰。主席台是会场装饰的重点。一般应在主席台上方悬挂会标，会标上用美术字标明会议的名称。主席台背景处可悬挂会徽或旗帜，或布置其他艺术造型，主席台上或台下可摆放花卉。除了主席台装饰外，会场四周和会场门口也可以进行适当装饰，如悬挂横幅标语、宣传画、彩色气球等，还可摆放鲜花等。

装饰色调。在会场装饰色调方面，应选择与会议内容相符的色调，并注意会场内色彩的搭配和整体基调，和谐、适宜的色调能刺激参会人员的视觉感官，对其心理产生积极的影响。具体说来，可以通过对主席台、天幕、台布、场内桌椅及其他装饰物色彩的调节，烘托整体色调。

植物布置。在会场装饰中，植物的布置也十分重要。根据会议内容，适当配置植物，既能美化环境，又能使人心情愉悦。由于不同植物所表达的感情色彩不同，因此对植物的选择应根据会议的性质而定。一般性会议可选择月季、扶桑等花卉，使人心情愉快，营造轻松的氛围；比较庄重的会议适宜摆放君子兰、棕榈、万年青等，使人保持镇静，烘托庄严的氛围。

2. 座席布置

会场座席布置的方式有很多种，会议工作人员一定要先了解会议的类型和目的，选择适合的座席布置形式。详见项目七座席礼仪。

二、会间服务礼仪

(一)迎接

在会议报到之日，要安排专人做好接待工作。当参会人员到达时，接待人员应亲切地表示欢迎。

(二)签到

为了及时、准确地掌握实际到会人数情况，以便安排会务工作，大型会议通常要求参会者签到。签到需要注意以下事项。

1. 签到前

应提前培训好负责签到的工作人员，准备好签到设备，检查签到台摆放的位置，并将要分发的相关材料提前分拣装袋完毕，送到签到台。

2. 签到时

参会人员签到时，会议工作人员应态度认真、仔细确认，同时分发会议资料；发放物品和资料时，必须礼貌地用双手递上。

【便利贴】

会议签到一般有以下几种方法。

簿式签到。参会人员在会议工作人员预先备好的签到簿上按要求签上自己的姓名、职务、所代表的单位等，参会人员必须逐项填写，不得遗漏。簿式签到的优点是利于保存，便于查找；缺点是该方法只适用于小型会议，不适用于参会人数多的大型会议。

证卡签到。会议工作人员事先将印好的签到证发给每位参会人员，签到证上一般印有会议的名称、日期、座次号、编号等，参会人员在签到证上写好自己的姓名，进入会场时将签到证交给会议工作人员，表示到会。这种签到方法的优点是方便，避免造成拥挤，缺点是不便保存和查找。证卡签到多用于大中型会议。

会议工作人员代为签到。会议工作人员事先制作好参加本次会议的花名册，开会时，来一人就在其名单后画上记号，表示到会，缺席及请假人员也同样用规定的记号表示。例如，用"√"表示到会，用"×"表示缺席，用"○"表示请假等。这种会议签到方法比较简便易行，但要求会议工作人员必须认识绝大部分参会人员，因此这种方法只适用于小型会议。对于大型会议，参会人员较多且大多数工作人员不认识，若逐个询问到会人员的姓名，将浪费大量时间，所以大型会议不适宜采用这种方法。

座次表签到。会议工作人员按照会场布置，事先制作好座次表，座次表上每个座位按要求填上合适的参会人员姓名和座位号。参加会议的人员到会时，就在座次表上销号，表示出席。座次表签到可以使参会人员在签到时就知道自己座位的排数和座号，起到引导的作用。

电子签到。电子签到是将电子签到卡预先发给参会对象，签到时，只需将签到卡放在签到机感应板上，或通过非接触式扫描，系统就能自动记录和显示参会人员的姓名、年龄、性别、单位、职务等信息，并自动进行统计分析，显示出到会人数、缺席人数等一系列数据。电子签到是一种先进的签到手段，具有快速、准确、简便等优点，现在大型会议多采用这种签到方式。

（三）引座

参会人员签到后，会议接待人员应站在门口迎接，并将其引至指定席位。对于重要领导，应先将其引至休息室，由本单位领导亲自作陪，待会议开始前几分钟再引导其到主席台就座。

（四）茶水

1. 条形桌上茶礼仪要求

清洁手部，侧身上茶（一般在客人右侧上茶，左脚在后，右脚向前迈入两椅之间，重心移至右脚，身体侧倾向桌面），轻放茶杯（放置于每位客人面前桌面的同一位置，转动杯把至客人右手侧45°），在杯边做一个请的手势，撤开，服务下一位。

2. 厅室上茶礼仪要求

微笑靠近，下蹲轻放茶杯（保持上身正直，切勿弯腰翘臀，若身着低胸衣可一手轻捂领口），起身说"请"（若客人正在交谈则不必出声，仅用手势即可），后退欠身。

3. 条形桌续茶礼仪要求

侧身进入（左脚在后，右脚向前，迈入两椅之间，重心移至右脚，身体侧倾向桌面，服务人员不管客人是否看向自己都应保持微笑），取杯子（先用右手小拇指和无名指夹住中式茶杯茶盖小球，然后提起杯盖并用右手拇指和食指捏住杯柄。服务人员借助自身的重心移动将杯子从两位客人中间带出桌面），背向条形桌续水，侧身送回（送回时茶壶留在身体外侧，茶杯高度在腹部，不能从客人头顶或肩上过），将茶杯放至原有位置，盖上杯盖，把杯柄转至客人右手侧45°，在杯边做一个"请"的手势），侧身退出，服务下一位客人。

厅室续茶礼仪要求与条形桌续茶类似，注意方向的灵活调整。

三、会后服务礼仪

会议活动能否取得圆满成功，不仅在于准备工作是否充分、会中服务是否热情，还在于会后服务是否周到。

1. 参会人员返程服务

预订返程票。在会议召开前和会议召开期间，工作人员应及时了解参会者的返程时间和方式，为其预订返程票。预订后，及时将票务信息告知参会者，以解决他们的后顾之忧，让他们安心参加会议及其他活动。

合影留念。通常情况下，大型或重要的会议活动结束后，应安排全体参会者合影留念。合影时，应根据不同部门、不同项目等提前划分好位置，现场进行指引，以便大家迅速就位，避免混乱。并在参会者返程前将冲洗好的照片交给他们；或待活动结束后，将电子版照片发送至他们的电子邮箱。

2. 结算费用

工作人员应及时、准确地结算各项费用，若报到时预收了有关费用，应在参会者离开前将费用结算清楚，出具会议期间各项消费的明细表，并开具正式发票。

3. 礼貌送别

会议结束时，对参会人员应礼貌送别，具体应做到以下两点：在会议闭幕式或者告别晚宴上，会议主办方的主要领导应发言，再次对大家的参与表示感谢，并致告别辞；安排好车辆，将参会者送至机场或车站，对于行李较多的参会者，工作人员要主动为其搬运行李。重要贵宾应由会议主要领导亲自送行。

4. 其他服务

检查场所。会议结束后，工作人员应仔细检查会场，查看有无参会者遗落的物品。另外，还应将会场清理干净，使其恢复原状。

整理资料。工作人员应根据会议的实际情况，将有关的图文、声像资料进行细致地收集和整理，并根据文件资料的属性进行相应的归档，以便日后使用。

宣传和回访。如果会议举办得非常成功，主办方可准备一份有关会议情况的新闻稿，进一步扩大会议的影响。会议结束后，还应做好客户回访工作，及时地跟踪服务，以促进与客户的进一步合作。

项目七

座席礼仪

步骤		
内容		小组讨论：科技公司的刘总预订了酒店的会议室，拟就公司第一次员工动员大会的内容进行商讨，内容重要，故公司领导层18人全体出席。你会为此次会议做哪些方面的准备？
目标		1.掌握会议座席礼仪； 2.锻炼分析能力和应变能力； 3.树立以客为尊、内外兼修的自我提升意识。
步骤	**试**	1.6人一小组； 2.学习信息卡； 3.根据情景进行讨论； 4.小组成果展示。
	解	教师解析的意见和建议：
	练	吸取建议，复盘该情境的具体解决办法
	用	小组模拟：刘总在酒店会议室开会结束后，需要乘坐酒店所派车辆返回公司，请为其安排好乘车座位并进行全程的情景模拟。

步骤	评	学生互评：
		教师点评：
		第三方评价：
成长记录		提示：上课过程中的感受、自我的收获等。

📎 任务卡二 给新员工培训

>>>

内容		情境展示：酒店下个月要迎接两批用餐的客人，A 公司 10 人来参加团建，指定用中餐；B 公司 10 人会议结束后集体用西餐。请你作为本酒店的领班对新员工进行座席礼仪培训。
目标		1. 理解中餐、西餐座席礼仪； 2. 能准确安排中西餐饮接待； 3. 树立包容开放思想，增强中西方餐饮文明互鉴与和谐共融的意识。
步骤	试	1. 5 人一小组； 2. 学习信息卡； 3. 小组讨论座席礼仪的培训方式及内容； 4. 小组展示。
	解	教师解析的意见和建议：
	练	吸取建议，复盘该情境的座位安排
	用	有客人在用西餐时，把用来洗手的柠檬水喝了，作为服务人员该如何处理？ 讨论中西餐礼仪除了座位安排，还有哪些礼仪要点需要注意？
	评	学生互评：
		教师点评：
		第三方评价：
成长记录		提示：上课过程中的感受、自我的收获等。

信息卡一　会议座席礼仪

> 【正念能量站】会议厅堂静谧间，座席礼仪映心田。东西文化各千秋，尊重差异美名传。轻步就座显谦逊，言谈举止皆风范。和谐共融氛围好，智慧火花共璀璨。倾听发言心相连，团结合作创佳绩。小小座席大学问，文明礼仪代代传。共筑文明新风尚，会议成果更辉煌。

一、会议座席礼仪

会议座席礼仪是会议中很重要的一环，可以根据不同场合和情况进行灵活运用，以达到尊重他人、彰显自身修养、提升自身形象的目的，也体现组织者的用心和对参会者的尊重。

（一）会议座次规范

座位的选择原则。针对不同的会议形式和场合，会议座位的选择有所不同。需要考虑会议的主题、目的、人数、时间、地点等因素，以及参会人员的职务、地位、关系等因素，合理地安排座位。

会议桌的使用规范。对于圆桌会议、长桌会议或者其他形式的会议，需要遵守相应的桌子使用规范，如会议桌布局礼仪、席位排列规则等。

座位的坐法和姿态。参会人员在会议中应该保持姿态端正、面带微笑、肢体放松、双脚平放等坐姿，不宜有跷二郎腿、交叉双脚等不规范的坐姿。

会议期间的礼仪行为。在会议中应该注意言谈举止，避免喧哗、吵闹、嬉笑等不礼貌的行为，尊重他人，遵守会议纪律和议程。

会议结束时的礼仪礼节。会议结束后，应该礼貌地向与会人员道别，收拾好自己的物品，整理好自己的座位，避免留下杂物、烟灰等不雅观的痕迹。

（二）会议座位安排

会议座位安排通常遵循一定的礼仪和规则，以确保会议顺利进行和参会者的舒适度。以下是根据不同情况给出的会议座位安排建议。

1. 基本原则

居中为贵。会场中央的位置通常被视为尊贵的位置，适合安排重要领导或嘉宾。

右为尊。以主位为中心，按"以右为尊"的原则排列，职位次高者坐主位右侧，再次者坐左侧，以此类推。

前排为上。无论是主席台还是台下的座次，前排的位置通常比后排更为尊贵。

面门为上。面对房间正门的位置通常被视为上座，因为这样可以更好地观察全场和接收信息。

2. 具体安排

大型会议座位安排。会议座位安排分为主席台座位安排和台下座位安排：领导在主席台就座时，若就座人数为奇数，座位安排见图7-1；若为偶数，座位安排见图7-2。台下座位可按照单位、部门、职务或行业进行划分，采用自由式择座或按单位就座的方式，其中自由式择座即不作统一安排，由与会者自行择位；按单位就座是指与会者在参会席上按单位、部门或行业就座。

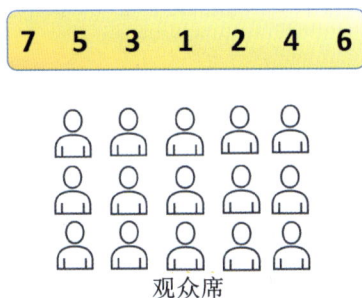

图7-1　主席台人数奇数座次　　　　图7-2　主席台人数偶数座次

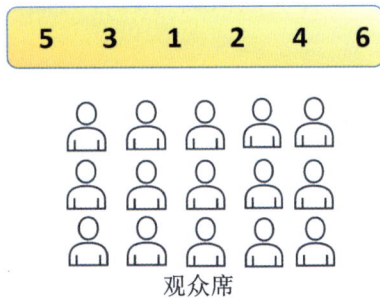

小型会议或接待座谈会。可以将会场布置成圆桌形或方桌形，便于领导和会议成员互相看得见，自由交谈。主席座一般面对会议室正门，位于离会议室门口最远的桌子的一端。主席两边是参加会议的来宾的座位，或是给高级管理人员、助理坐的，以便他们能帮助主席分发有关材料、接受指示或处理会议中需要做的事情。

（三）注意事项

座位安排原则。包括主持人或重要讲话人的座位安排，嘉宾或重要客人的座位安排，与身份、职务或地位相关的座位安排等。

坐姿和肢体语言。包括正确的坐姿，如保持直立、不趴在桌子上、不跷腿等；合适的肢体语言，如保持目光交流、不玩手机或不使用其他电子设备等。

礼貌用餐。包括会议期间的用餐礼仪，如如何使用餐具、品尝食物、与他人交流等。

注意言谈举止。包括遵循会议议程、不打断他人发言、尊重他人意见、避免争论和争执、不使用粗俗语言等。

注意服装仪容。包括在会议中的着装和仪容，应该整洁、得体，符合场合和职务的要求，以展现自己的职业形象和对他人的尊重。

注意时间管理。包括准时参会、不早退、不随意离席、不干扰他人等，以展示对会议的尊重和专业素养。

注意手机和电子设备的使用。包括在会议中适当地使用手机和其他电子设备，避免对会议造成干扰，保持专注和尊重。

组织者应该认真考虑各方面因素，以确保参会者的满意度和会议效果。

【便利贴】

1. 在涉及外事的场合，应遵循国际惯例，如"以右为尊"等原则。

2. 如果会场设计有特殊因素（如舞台、讲台等），座位安排应相应调整，以确保所有参会者都能清晰地看到和听到会议内容。

信息卡二 轿车座次礼仪

【正念能量站】轿车座次礼仪体现了对乘客的尊重与关怀，需结合车型、场合、文化差异等因素灵活调整。

一、基本原则

1. 主客尊卑原则

在车辆中，通常把客人安排在主位，司机或服务人员则安排在相应的工作位。客人通常坐在后排副驾驶后的座位，司机或服务人员坐在前排。这体现了对客人的尊重和关注。汽车座次礼仪标准示范，见图 7-3。

图 7-3　汽车座次礼仪

2. 客人优先原则

如果车内有多位客人，应该优先考虑客人的舒适和需求。例如，对于长途行程，可以安排客人坐在较为宽敞舒适的位置，如后排右侧靠窗位置，以便客人休息和放松。

3. 年长者和贵宾优先原则

对于年长者、行动不便的客人或贵宾等特殊身份的客人，应该优先考虑其舒适和安全。可以为他们安排后排右侧靠窗或视野良好的位置，方便他们上下车和欣赏外景。

4. 活动主次抉择原则

在车辆座位安排中，可参考宾客在活动中的主次角色进行合理分配。例如，活动的主要接待对象（如核心参会代表或外部合作方代表），通常安排于车辆后排右侧靠窗位置，该位置具有上下车便利性高、视野开阔的特点。

5. 性别搭配原则

在座位安排时，应该遵循性别搭配原则，尽量避免男女客人在车辆中相邻过近或产生不必要的肢体接触，以避免尴尬或引起误解。

6. 服务人员位置原则

如果车辆中有服务人员陪同，服务人员应该尽量避免坐在与客人背对背的位置，以便随时提供服务和回应客人的需求。

这些原则可以根据具体情况和不同文化背景进行调整和应用，以确保车辆座位的合理安排，体现专业的座席礼仪。

二、常见车型座位安排

1. 五座轿车

由专职司机驾驶。前排副驾驶座位通常安排随行工作人员；后排右侧座位为主要宾客座位；后排左侧座位为次要宾客或陪同人员座位；后排中间座位因空间相对有限，舒适性通常不及两侧座位，通常最后安排。具体原则是：主要宾客优先安排在后排右侧；次要宾客安排在后排左侧；若仅有一位宾客，可邀请其就座后排右侧，陪同人员可选择副驾驶或后排左侧座位。

由车主亲自驾驶。前排副驾驶座位为主要宾客座位（便于交流），后排右侧座位为次要宾客座位，后排左侧座位为随行人员座位，同时应尊重宾客的座位选择意愿。

2. 七座商务车

前排副驾驶座位通常安排工作人员。中排右侧座位因其空间相对宽敞且上下车便利性较高，为主要宾客座位；中排左侧座位为次要宾客座位；后排座位通常安排其他随行人员或工作人员。其座位安排原则是：中排右侧座位为优先选择，中排左侧座位为次要选择。

三、跨文化差异

1. 西方国家

副驾驶座位常被视为平等交流位（朋友或同事）；后排右座仍为商务场合

尊位。

2. 中东国家

女性客人可能偏好与同性同坐后排，避免与异性相邻。

四、场景运用

轿车座次礼仪的核心是尊重与安全，需根据实际情况灵活调整。提前询问客人偏好，主动引导就座，注重细节服务（如调整空调、音乐等），方能彰显礼仪素养，提升乘车体验。

1. 接待长辈或领导

主动为其开关车门，手护住车门顶部防碰头。上下车顺序：尊者先上，陪同者后上；下车时陪同者先下，协助尊者开门。

2. 男女同行

在社交场合时，女性优先坐后排右座，男性可坐副驾驶座位或后排左座；商务场合则以职位高低为序。

3. 安全优先

儿童必须使用安全座椅，避免坐副驾驶位；醉酒或身体不适者应安排至后排，便于照顾。

4. 商务接待

客户坐后排右座，对接经理坐副驾驶位，负责引导路线。

5. 家庭出行

长辈坐后排右座，儿童用安全座椅居中，父母分坐副驾驶座位和后排左座。

6. 朋友聚会

坐副驾驶座位者为活跃者，便于与司机交流，后排按年龄或亲近程度安排。

五、服务人员乘车的礼仪

服务人员乘车时注重礼仪，体现的是尊重与专业度，核心在于主动关怀、灵活应变。通过周全的准备与观察，既能规避文化冲突，又能让每位乘客感受到细致入微的待客之道。

1. 上下车礼仪

开关门顺序。主人或接待者应主动为尊者开门，手护住车门顶部防碰头；尊者先上车，陪同者最后上车；下车时陪同者先下，协助尊者开门。

多人乘车顺序。若多人同乘，尊者优先上车，其他人员按职位或年龄依次进入，避免拥挤。

2. 车内行为规范

专注驾驶。交谈时司机需专注驾驶，避免长时间回头与后排乘客交谈；乘客应避免讨论敏感话题（如宗教、政治），保持轻松的氛围。

手机使用。副驾驶乘客勿长时间使用手机，以免干扰司机导航或沟通；后排乘客接电话时应降低音量，或示意司机暂时关闭音乐。

3. 乘车服务注意事项

提前询问乘客对空调温度和音乐类型的偏好，其中商务场合建议选择轻音乐或静音；避免在车内喷洒浓烈的香水，以防乘客过敏；保持车内清洁，提前清理杂物，备好纸巾、饮用水和充电线，雨雪天须放置脚垫，防止泥水弄脏乘客的鞋袜。

4. 安全细节

安全保障。提醒所有乘客（包括后排）系好安全带，尤其是儿童需使用安全座椅；副驾驶位若有乘客，需调整座椅位置以避免遮挡后视镜。

行车规范。司机应养成良好的行车习惯，避免急加速或急刹车，保持平稳驾驶；夜间行车时主动调暗车内灯光，减少屏幕反光对视线的干扰。

特殊乘客关怀。优先安排老人与孕妇至后排右侧，上下车时主动搀扶，并根据需求调整靠背角度、提供靠枕。

关爱残障人士。若车辆配备无障碍设施，需提前调试轮椅固定装置；上下车时耐心等待，切勿催促或过度帮助。

5. 跨文化敏感场景

尊重宗教信仰与习俗。部分宗教信徒忌讳与异性同排就座，需提前与其确认座位安排；避免在车内放置与宗教符号相冲突的装饰品，以免造成冒犯。

保障外宾沟通顺畅。外宾乘车时，若陪同人员担任翻译，需控制语速，确保外宾能够清晰理解。

6. 应急处理

乘客突发身体状况的应对措施。若乘客突发不适（如晕车），应提前备好晕车药、垃圾袋，及时靠边停车，让乘客透气缓解；若乘客突发疾病，需立即联系急救中心，并准确记录事发地点，以便救援人员快速到达。

车辆相关的事前准备与故障处理。事前应检查车况，备好应急工具，做好预防工作；若车辆发生故障，应优先安排乘客转移至安全区域，再进行故障处理，以确保乘客安全。

信息卡三　中餐座次礼仪

> 【正念能量站】遵循中餐座次礼仪，筷落间尽显谦逊，笑语中传递温情。围坐共享，礼仪之美，让每一餐都成为心灵的盛宴。

一、中餐座次礼仪的核心原则

中餐座次礼仪是中华文化的缩影，其文化内涵一是儒家伦理，即通过座次体现"君臣父子"的等级观念，如《论语》载"席不正，不坐"；二是阴阳平衡，即方桌讲究对称，圆桌追求圆满，体现天人合一的思想；三是团圆和谐，即圆桌主陪、副陪分工协作，确保宾客均被关照。中餐座次礼仪以传统儒家文化为根基，强调尊卑有序、长幼有别，同时注重人际关系的平衡与和谐。掌握这些规则，不仅能体现对宾客的尊重，更能在觥筹交错间传递中华文化底蕴与处世智慧。中餐座次既需遵循传统，也常根据现代商务需求灵活调整。

1. 面门为尊

正对包厢门或宴会厅主入口的位置为主位，通常由身份最高者（主人或主宾）就座。靠近门的位置地位最低。

2. 以左为尊

中餐传统上以左为尊（与西餐"以右为尊"相反）。例如，主宾坐在主人左侧，次宾坐在主人右侧。

3. 居中为上

圆桌主位居中，主桌位于宴会厅中央，其他桌次按距离主桌的远近区分地位。

4. 近主为贵

距离主位越近，地位越高；同一桌中，主位左右两侧依次为第一、第二尊位。

二、常见场景座次安排

1. 圆桌座次（8～12人）规则

主人坐主位（正对门），主宾居主人右侧。现代商务场合受西化影响，部分地区主宾居主人右侧，次宾居主人左侧，其他宾客按身份高低顺时针排列。副陪坐在主人正对面，负责调节气氛、协助敬酒。

2. 宴会主桌与次桌

主桌居中，坐主办方领导、主宾及核心人员。次桌：围绕主桌，从主桌视角按"右高左低"排列，如"1号桌右侧为2号桌，左侧为3号桌"。

三、特殊场合规则

1. 商务宴请

主宾为客人中职位最高者，坐在主人右侧。若双方地位相当，主、客方交叉就座以示平等。

2. 婚宴

新人坐主位，双方父母分坐左右。亲属桌按血缘亲疏排列靠近主桌，朋友、同事桌次靠后。

四、中餐礼仪基本要求

1. 桌面布置

中餐座席礼仪中，桌面布置也是十分讲究的。桌上要摆放精美的花卉或器皿，以增强视觉效果，同时也要考虑到桌上的摆放是否过于拥挤或杂乱。

2. 用餐礼仪

在中餐座席礼仪中，用餐礼仪也非常重要。应该注意不要喧哗或动作过于急促，不要在用餐时吸烟或大声谈笑。此外，要注意使用筷子的规范和正确方法，尽量不要用叉子或手抓食物（中餐的传统用餐工具以筷子为主）。

3. 交流礼仪

在中餐座席礼仪中，交流礼仪也是非常重要的。应该注意不要说话声音太大或太小，要注意言语的礼貌和文明。在交流过程中，要避免争吵或过于激烈的讨论，以免影响气氛的和谐。

4. 敬酒礼仪

在中餐礼仪中，敬酒礼仪也是非常重要的。敬酒时要注意敬酒对象的身份和地位，同时要注意不要喝醉或过于放纵自己。如果你不喝酒，可以用水代替，但应该注意回敬酒以示尊重。

5. 就座和起立

在中餐宴会中，就座和起立也有一定的规范。通常，客人应在主人或主宾就座后才能就座，不得提前入座。起立时，应先等待主人或主宾起立后再起立，以示尊重。

信息卡四　西餐座次礼仪

【正念能量站】学习西餐座次礼仪不仅在于掌握规范，更在于理解西餐礼仪中所体现的"女士优先、宾客优先"等人文关怀和服务意识，使自己在多元文化场景里更自信地成为跨文化沟通的桥梁。

西餐座次礼仪是正式社交场合中的重要规范，其核心原则是促进社交互动。

一、西餐座次礼仪的核心原则

1.女士优先

在安排席位时，女主人通常作为第一主人，坐在主位(如长桌的两端)，男主人则坐第二主人位置。男士需主动为女士拉椅让座，且女士优先入座。这一原则贯穿整个用餐过程，例如男宾应坐在女主人右侧，女宾应坐在男主人右侧。西餐长桌座次示意，见图7-4。

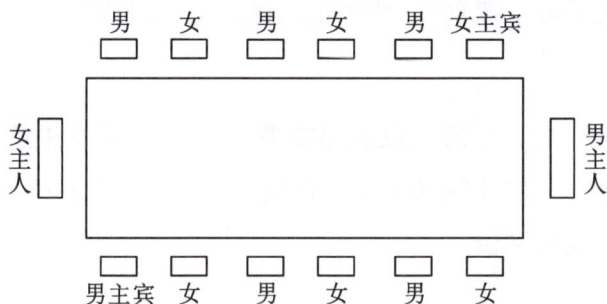

男　女　男　女　男　女主宾

女主人　　　　　　　　　　　男主人

男主宾　女　男　女　男　女

图7-4　西餐长桌座次

2.以右为尊

以右为尊是西餐座次的核心规则。例如，主宾(男主宾)坐在女主人右侧，女主宾则安排在男主人右侧，其他宾客按此原则依次排列。

3.距离定位

座次的尊卑与距离主位的远近相关，离主位(女主人或男主人)越近的位置地位越高。

4.面门为上

面对餐厅正门或主景的位置被视为尊位，通常由女主人或主宾就座，背对门的位置则次之。

5.交叉排列

为促进社交互动，男女宾客需交叉就座，熟人与生人亦需间隔安排。例如，一位男性宾客的左右两侧通常是女性宾客，反之亦然。

二、具体座次排列方式

1. 长桌的排列规则

法式排列：主人居中对坐，女主人右侧为男主宾，左侧为男次宾；男主人右侧为女主宾，左侧为女次宾，陪客坐于两侧。

英美式排列：男女主人分坐长桌两端。若主宾夫妇同席，男士坐女主人右侧，女士坐男主人右侧，次宾居左侧。

2. 圆桌或特殊桌型

若为圆桌或T形桌，主桌居中，男女主人对坐，主宾紧邻其右侧，其他宾客按身份依次排列。圆桌座次示意，见图7-5。

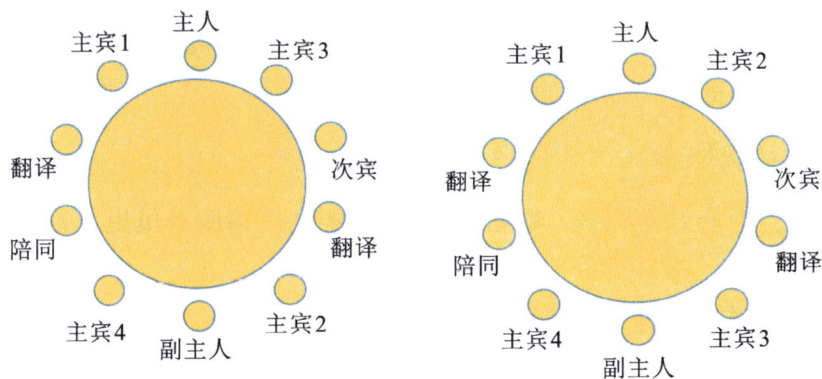

图 7-5　圆桌座次

三、特殊场合与细节

1. 迟到宾客的处理

若宾客迟到超过15分钟，宴会可正常开始。在正式场合中，迟到者由管家引导入座，非正式场合则由男主人协调安排。

2. 入座顺序与礼仪

正式宴会中，男主人先引导女主宾入席，随后其他宾客依次入座。入座需从椅子左侧进入，女士由男士协助拉椅。

若未设席位牌，则需等待女主人指示后入座，不可擅自调整座位。

3. 商务宴会的座次

主宾通常位于主人右侧，次要宾客居左，重要官员或外宾需按特殊礼仪安排。

四、商务宴会餐具使用规范

1. 刀叉使用与示意

刀叉需按用餐顺序由外向内取用。若用餐结束，将刀叉并排斜放于餐盘，刀刃向己、叉齿向上；若中途离席、暂停用餐，可将刀叉呈"八"字形斜放于餐盘，刀刃向己、叉齿向下。

2. 汤匙与杯碟示意

汤匙横放于汤碗上方，示意服务员可撤走餐具；咖啡或茶饮用完毕后，将匙头朝左置于杯碟即可。

3. 特殊情况处理

商务宴会中若刀叉掉落，客人不可自行捡拾，需请服务员更换餐具。

五、文化差异与注意事项

国内政务场合常以左为尊，而国际西餐礼仪普遍以右为尊。出于社交目的，西餐宴会强调拓展人际网络，因此交叉排列与平衡性至关重要。

六、西餐餐具使用知识

1. 叉子

当使用叉子时，应该将叉子的齿朝下，叉住食物，保持平稳地置于盘子中央。当不使用叉子时，应该将其轻轻放在盘子右侧，头朝右边，齿朝下。

2. 刀

当使用刀时，应该将刀的刃朝内，在食物上方用刀切割，需配合叉子使用，不要将刀单独用于其他用途。当不使用刀时，应该将其平放在盘子右侧（与叉子并列），刃朝内。

3. 汤匙

使用汤匙时，应从内向外舀取食物，将汤匙送入口中后，缓慢放回。当不使用汤匙时，应将其放在对应餐碟旁的指定位置（碗边的汤匙架上）。

4. 餐叉和餐刀

在使用餐叉和餐刀时，应该将餐刀握在右手，餐叉握在左手（左叉右刀）。切完食物后，刀应平放在盘子右侧，刀刃朝内，叉子可保持左手持用（无须转移右手），叉齿朝下置于盘子左侧。用餐完毕后，餐具应并排斜放在盘子中央（刀右叉左，刀刃朝内，叉齿向下），以便侍者清理。

5. 餐具的顺序

在多道菜的餐桌礼仪中，使用餐具的顺序应遵循由外至内的原则，即从最外侧的餐具开始使用，依次向内侧取用。这是使用西餐餐具时需要遵循的一些基本规则。当我们知道如何正确使用餐具时，我们就能在正式的西餐场合中表现得更加自信和得体。西餐餐具摆台次序标准示范，见图7-6。

图7-6　西餐餐具摆台次序

项目八

电商服务礼仪

任务卡一　愉快地开单

>>>

内容		情景展示：自选平台，情景模拟一个电商销售场景。
目标		1.掌握电商沟通礼仪。 2.能在线上沟通中遵循礼仪规范。 3.培养岗位角色意识，用在线方式传递友善、诚信、文明、平等的社会主义核心价值观。
步骤	试	1.3人一小组； 2.学习信息卡； 3.进行分析讨论； 4.展示小组实践成果。
	解	教师解析的意见和建议：
	练	客服沟通话术
	用	每小组设置1个工作情境，针对客户需求进行应变练习。
	评	学生互评： 教师点评： 第三方评价：
成长记录		提示：上课过程中的感受、自我的收获等。

任务卡二 完美解决投诉

>>>

内容	情景模拟：处理某电商平台的顾客投诉。	
目标	1.掌握电商服务礼仪。 2.能有效沟通化解客户的不满。 3.提高礼仪素养，能用在线方式传递友善、诚信、文明、平等的社会主义核心价值观。	
步骤	试	1.3人一小组； 2.学习信息卡； 3.进行分析讨论； 4.展示小组实践成果。
	解	教师解析的意见和建议：
	练	在线处理客户投诉的话术礼仪
	用	1.情景体验，任务反馈。 2.每小组设置1个工作情境，针对人群的性格特点进行投诉处理。
	评	学生互评：
		教师点评：
		第三方评价：
成长记录	提示：上课过程中的感受、自我的收获等。	

信息卡一　客服电话礼仪

> 【正念能量站】在客服电话中，服务人员的语调、态度和专业精神，如同声音形象般直观地展现其修养与职业素养。通过高标准的礼仪规范传递信息，可提升客户满意度，构建信任桥梁。

一、客服电话礼仪的重要性

客服电话作为企业与客户沟通的重要桥梁，其礼仪标准直接关系到客户对企业的第一印象和满意度。良好的客服电话礼仪能够展现企业的专业素养，增强客户信任，促进业务合作。

二、客服电话礼仪的基本要求

1. 接听及时

电话铃响后，应尽快接听，避免让客户等待过久，一般建议在铃响三声内接起。

2. 礼貌问候

接听电话时，先以亲切的语言自报岗位，并问候客户，如"您好，××公司客服中心，很高兴为您服务"。也可根据时间和节日来调整问候语。

3. 清晰表达

通话时，语速适中，话语清晰，确保客户能够准确理解信息。避免使用过于专业或复杂的术语，以免让客户感到困惑。

4. 耐心倾听

给予客户充分的时间表达需求或问题，不打断，不急于提供解决方案。用"嗯""我理解"等回应表明专注，重复客户的问题以确认需求并记录。通过倾听了解客户的真实需求，为后续服务打下基础。

5.积极回应

对于客户的问题或需求，应给予积极的回应和确认。如果无法立即解决，应告知客户正在处理，并承诺回复时间。

6.礼貌结束

当通话结束时，应礼貌地致谢并告别，如"感谢您的来电，祝您生活愉快"。同时，确认客户是否还有其他问题，确保服务到位，让客户先挂断电话。

三、客服电话礼仪的注意事项

1.保持专业

在通话过程中，避免使用过于随意或不当的语言，保持专业形象。

2.情绪管理

对于客户的情绪化表达，应保持冷静，以平和的心态应对，确保不传递负面情绪。语气柔和，带有微笑感。换位思考，表达共情，如"我理解您的不便，我们会尽快处理"。

3.保护隐私

在通话中，注意保护客户隐私信息，不泄露给无关人员。

4.记录跟进

对于客户的需求，应及时记录并跟进，确保服务闭环。

四、客服电话礼仪在服务中的应用

客服电话礼仪广泛应用于客户咨询、投诉处理、业务跟进等环节。通过规范的客服电话礼仪，能够提升客户满意度，增强客户忠诚度，为企业带来良好的口碑与业务增长。

客服电话礼仪是服务人员必备的职业素养之一。通过电话，服务人员不仅能够传递专业与关怀，还能够建立和巩固良好的客户关系。因此，每一位服务人员都应熟练掌握客服电话礼仪标准，以每一次通话为契机，展现企业的专业形象与温暖关怀。

信息卡二　电商销售礼仪

　　【正念能量站】电商销售礼仪的核心是"专业引导+真诚服务"。专业是通过精准推荐和客观描述建立信任；真诚是以客户需求为中心，避免套路化营销；尊重是平衡销售目标与客户体验，为长期复购奠定基础。这既是电商销售的成功之道，也是服务人员自我修养的提升之道。

　　电商销售礼仪是促进客户信任、提升转化率的关键，需在专业性与亲和力之间找到平衡。

一、沟通礼仪

1.开场礼仪

　　直播/短视频销售。开场热情问候，如"欢迎家人们来到直播间！今天给大家带来超高性价比的××产品！"保持微笑并进行眼神交流。主动介绍自己的身份与品牌，如"我是主播小陈，专注推荐优质母婴用品"。

　　私域社群/私信沟通。避免群发广告式开场，结合客户标签个性化切入，如"看到您收藏过防晒衣，今天有专属优惠活动哦"。

2.产品推荐礼仪

　　在需求引导方面，要通过提问挖掘需求，如"您是想日常通勤用，还是户外运动穿?"，避免强行推销。在推介产品的专业性与真实性方面，要客观说明产品的优缺点，如"这款面料轻薄透气，但防晒指数略低于专业户外款"，禁止夸大宣传，如"全网最低价"。

3.异议处理礼仪

　　有价格争议时，绝不能贬低客户的预算，而应该强调价值，如"虽然价格略高，但这款材质更耐穿，性价比更高"。在竞品对比时，避免攻击竞品，而应该专注自身优势，如"我们的售后服务提供30天无理由退换，您可以放心体验"。

二、服务态度规范

1. 积极性与感染力

语言充满热情。如"这款真的超适合您!""现在下单还能抢到赠品哦!",通过语调传递信心。及时回应和互动,如直播间弹幕提问、社群@消息,避免冷场或忽略客户。

2. 尊重与边界感

不因消费金额而区别对待客户,对低意向客户保持礼貌,如"有需要随时联系我"。避免过度打扰,如频繁私信催单;尊重客户的决策时间,如"优惠保留到今晚8点,您考虑好了随时找我"。

三、场景化礼仪细节

1. 直播销售礼仪

着装与品牌调性匹配,如美妆主播需妆容精致,母婴主播需着装柔和;演示产品时动作规范,如食品试吃用公筷,服装展示避免拉扯变形;禁用不当话术,如"不买就是亏""最后10件"等制造虚假紧迫感的话术。

2. 社群/私信销售礼仪

文字沟通分段清晰,慎用感叹号或刷屏表情;发送图片或链接前先询问,如:"方便发产品详情给您参考吗?"

3. 催单礼仪

提醒语言要委婉,如:"您选的尺码库存紧张,需要为您预留吗?"。避免道德绑架,如"支持一下新手主播吧""这点钱都不愿意花"。

四、售后服务衔接礼仪

1. 订单确认

下单后主动发送注意事项,如"已收到您的订单,我们会优先发货,物流信息将同步到APP"。

2. 转接客服规范

需移交给售后时明确说明，如"后续物流问题由专属客服小李跟进，您也可以随时联系我"。

五、禁忌行为

在与客户沟通及服务的过程中，需避免以下行为：第一，泄露客户隐私，例如，公开讨论订单信息等；第二，贬低客户的选择，比如，说出"这个价位只能买到这种质量的商品"之类的话语；第三，做出过度承诺，像"绝对不起球""永远不降价"等表述均不可取。

信息卡三　电商客服礼仪

【正念能量站】电商客服始终以客户为中心，优先解决客户的需求，而非强调企业立场；保持专业与温度并存，既体现专业性，又传递人情味，是新时代传递友善、诚信、文明、平等等社会主义核心价值观的重要服务岗位。

电商客服的礼仪是保障客户体验、维护品牌形象的核心要素，需在沟通、服务、专业性和细节管理上做到规范化。

一、沟通礼仪

1. 语言规范

全程使用"您好""请""谢谢""抱歉""不客气"等基础礼貌词汇，禁止使用粗俗或情绪化的语言。禁止使用否定表达，避免直接说"不行""做不到"，改用委婉话术，如"我帮您申请特殊处理"。规范使用话术，如开场使用"您好，××客服为您服务，请问有什么可以帮您?"。结束语使用"感谢您的信任，祝您生活愉快!"。

2. 倾听与回应

不打断客户，用"嗯""我理解"等短句表明专注；复述客户问题以确认需求，如："您是想修改订单地址对吗?"。

3.文字沟通细节

分段清晰,避免大段文字;慎用表情符号,禁用网络俚语,如"绝绝子""栓Q";快速响应,文字回复时间≤2分钟,超时需说明原因,如"正在核实信息,请稍等3分钟"。

二、服务态度规范

1.耐心与同理心

对重复问题或情绪激动的客户要保持冷静,避免使用"已解释过""您没听懂"等表述;换位思考表达共情,如"换作是我也会着急,我们一定优先处理"。

2.主动服务意识

预判客户需求,如订单延迟时主动告知客户预计到货时间;主动提供替代方案,如缺货商品推荐同款或给予优惠补偿等。

三、问题处理礼仪

1.投诉与纠纷处理

第一步:道歉安抚,无论责任归属,先致歉,如"非常抱歉给您带来不便";第二步:记录与反馈,详细记录问题(时间、订单号、客户诉求),避免让客户重复描述,明确处理时限,如"2小时内给您答复";第三步:补偿与闭环,根据政策提供补偿(退款、优惠券等),超出权限时及时升级处理。

2.技术或权限限制

不推诿责任,清晰地说明限制,如"我需要联系物流部门核实轨迹,10分钟后回复您";转接时告知客户对接人信息,如"已转交售后专员张女士,她的工号是××"。

四、职业形象与隐私保护

1.职业形象管理

在线客服应力求文字无错别字,禁用不规范缩写。

2. 隐私保护

不泄露客户信息，如电话、地址、订单详情等；验证身份后再进行敏感操作，如通过预留的手机号或邮箱确认身份。

五、时间管理礼仪

1. 响应时效

文字咨询首次回复在 2 分钟之内，复杂问题定期更新进展，如每小时通知一次处理进度。使用自动回复确认已收到客户咨询，如"您的咨询已收到，我们将尽快处理"。

2. 交接规范

换班或转接时告知客户，如"我将交接给晚班同事，他会全程跟进"。

六、情绪管理

1. 面对指责的应对

当面对客户的指责时，不进行争辩或反驳。例如，客户提出"你们服务太差"，可回应"感谢您的反馈，我们一定改进"。

2. 自身状态调节

注重自我情绪调节，压力较大时可通过深呼吸或短暂休息来调整状态，避免将负面情绪带入与客户的对话中。

3. 语言表达规范

避免使用"不行""不知道"等负面表达，改用委婉的说法，如"我帮您核实一下"。

4. 客户情绪应对

对重复提问或情绪激动的客户，需保持耐心与同理心，避免表现出不耐烦。应换位思考、表达共情，例如说"我理解您的不便，我们会尽快处理"。

5. 主动服务意识

保持主动服务意识，预判客户需求并主动提供解决方案，比如主动告知事务进展、后续步骤等。对于无法立即解决的问题，要明确告知处理时限并跟进反馈结果。

七、新兴场景礼仪

1. 直播电商客服

实时回复弹幕问题，简短明确，如"已上链接""尺码偏大，建议拍小一码"。避免与主播话术冲突。

2. 社交媒体客服

评论回复需兼顾品牌调性，如官方账号禁用随意网络用语；私信沟通需区分咨询与投诉，优先处理紧急问题。

【便利贴】

面对客户反馈，客服回复对比

×错误回应："这不是我们的责任，您自己看条款。"

✓正确回应："非常抱歉让您产生误解，我为您详细解释退换货流程，您看可以吗?"

通过规范化的礼仪，电商客服不仅能解决问题，更能将"麻烦"转化为客户对品牌的好感与忠诚。

参考文献

[1] 金正昆. 现代礼仪丛书：行业服务礼仪[M]. 北京：北京大学出版社，2009.

[2] 张岩松. 现代服务礼仪[M]. 北京：清华大学出版社，2016.

[3] 麻美英. 现代服务礼仪[M]. 杭州：浙江大学出版社，2005.

[4] 薛巍，陈晓平. 现代服务礼仪[M]. 北京：中国财富出版社有限公司，2024.